達爾文

Darwin: A Very Short Introduction

U0118343

Darwin: A Very Short Introduction

達爾文

霍華德（Jonathan Howard）著

趙凌霞　何竹芳 譯

OXFORD

UNIVERSITY PRESS

OXFORD
UNIVERSITY PRESS

Oxford University Press is a department of the University of Oxford.
It furthers the University's objective of excellence in research, scholarship,
and education by publishing worldwide. Oxford is a registered trade mark of
Oxford University Press in the UK and in certain other countries

Published in Hong Kong by
Oxford University Press (China) Limited
39 Floor, One Kowloon, 1 Wang Yuen Street, Kowloon Bay,
Hong Kong

This orthodox Chinese edition © Oxford University Press (China) Limited

The moral rights of the author have been asserted

First edition published in 2021

達爾文

霍華德〔Jonathan Howard〕著

趙凌霞　何竹芳 譯

ISBN: 978-019-083215-5

1 3 5 7 9 10 8 6 4 2

English text originally published as *Darwin: A Very Short Introduction*
by Oxford University Press © Jonathan Howard 1982
First published as a Very Short Introduction 2001

目　錄

圖片鳴謝

引用文獻及其縮寫形式

以下是本書中所引用的達爾文的著作。文中提到這些著作時以書名縮寫字母進行標註，隨後是相應卷號及參考頁碼。

A　《達爾文和赫胥黎自傳》 *Charles Darwin, Thomas Henry Huxley. Autobiographies*, edited with an introduction by Gavin de Beer, Oxford, 1974.

D　《人類的由來及性選擇》 *The Descent of Man and Selection in Relation to Sex*, 2 vols, London, 1871.

F　《蘭花借助於昆蟲傳粉的種種技巧》 *The Various Contrivances by which Orchids are Fertilized by Insects*, London, 1890.

J　《「比格爾號」環球航行所到達各地區的自然史和地質學的考察日誌》 *Journal of Researches into the Natural History and Geology of the Countries Visited during the Voyage of H.M.S. 'Beagle' round the World*, London, 1882.

L　《達爾文生平及其書信集》 *Life and Letters of Charles Darwin*, edited by F. Darwin, 3 vols, London, 1888.

M　《達爾文早期及未出版的筆記》，見《達爾文論人類：科學創造的心理研究》 'Darwin's Early and Unpublished Notebooks', transcribed and annotated by Paul H. Barrett, in Howard E. Gruber, *Darwin on Man; A Psychological Study of Scientific Creativity*, London, 1974.

ML　《達爾文書信續集》 *More Letters of Charles Darwin*, edited by F. Darwin and A. C. Seward, 2 vols, London, 1903.

O　《物種起源》 *On the Origin of Species. A facsimile of the First Edition*, with an introduction by Ernst Mayr. Fourth Printing. Cambridge, Mass., 1976.

T　《達爾文論物種變化的筆記》 *Darwin's Notebooks on the Transmutation of Species*, edited by Gavin de Beer and others. Bulletin of the British Museum (Natural History). Historical Series. Parts I, II, III, IV, and VI. London, 1960 and 1967.

V　《動物和植物在家養下的變異》 *The Variations of Animals and Plants under Domestication*, 2 vols, London, 1868.

序　言

　　達爾文去世一百多年來，關於他對知識的貢獻及其研究成果的重要性，仍然有所懷疑和非議。此時以簡明淺白的語言簡要介紹一下達爾文的科學研究工作，依然不失時宜。在達爾文和他的貶低者之間，作者並非持中間立場，本書還是有所傾向的。達爾文的研究成果對整個生物學思想的發展起到了極為重要的作用，任何能夠看懂和理解達爾文研究的生物學家都不會意識不到這一點。但是，我希望這本小書能做到客觀地介紹達爾文的思想，指出其中一些缺乏一致性或經不起嚴密推敲和審視的不足之處。也許有人會認為過份強調達爾文對生物學的重要意義會限制達爾文理論的範圍和涵義，但這其實是無稽之談。理解現代進化論就是要認識到：人的生命和人類社會在某種程度上也是生物學問題，儘管用這些術語很難說得清楚，但仍是生物學的範疇。出於這一原因，本書始終緊扣問題的核心，即達爾文對生物學的貢獻而展開。優勝劣汰、適者生存的社會達爾文主義哲學是後來衍生出來的，在達爾文當初的思想中根本沒有一席之地。那時，他還看不到生物進化如何能夠與社會演化進行任何類比。因此，將社會與政治哲學體系中的達

爾文主義與達爾文的生物進化論完全分開而只討論後者也是合乎情理的。生物學是問題最根本的落腳點，而人們恰恰可能對生物學知識知之甚少。

對於我所進行的達爾文研究，我的朋友和親密的科研夥伴們給予了極大的支持和理解。在此，我向他們表示由衷的感謝，同時也為給他們帶來的麻煩和負擔表示歉意。我要特別感謝Geoffrey Butcher，我不在的很長時間裏，是他接替我管理實驗室的繁重工作。

感謝牛津大學出版社當初邀請我寫這本書，也感謝Michael Singer先生，他不經意的一番話鼓勵我接受了這個邀請，同時還要感謝牛津出版社新老編輯們的幫助，他們為本書的最終出版做了大量工作。

喬納森·霍華德

第一章
達爾文生平

　　達爾文的個人資料很豐富，令傳記作家們難以取捨。他的父母都是名門望族之後，他們自己的經歷也足以引起傳記作家的關注。達爾文與他的表妹結了婚，從那時起這個家庭幾乎就沒有丟棄過任何東西。達爾文在他的私人家庭傳記中記載了自己的生活，這些很自然地被保存了下來且得以發表。他畢生從事科學研究所做的筆記和記錄，也幾乎是完好如初地保存了下來。在長達50年的科學生涯中，達爾文只在三個地方生活過：五年在「比格爾號」（Beagle）考察船上進行環球旅行，四年在倫敦，其餘時間住在倫敦以南幾英里外的唐別墅（Down House）。他的進化理論始於「比格爾號」航行。他在船上的圖書館非常有名，他的筆記和航海日誌都保留了下來。關於這次航行，達爾文寫了一本很長的書，「比格爾號」的船長也寫了一部。達爾文收集的許多標本至今仍在集中陳列。甚至隨行的兩位藝術家所創作的有關這次航行的一幅油畫現在也還能看到。航海歸來之後，達爾文寫了一系列的雜記，以奇異獨特和引人入勝的細節記錄了最初

進化理論的發展。進化論有兩個完整的初期版本被保留了下來，一個是用鉛筆寫成的，比較簡短；另一個是用鋼筆仔細謄寫的長版本。

達爾文在其生命的最後45年裏，健康狀况一直很不好，就只好借助大量的通信來開展研究工作。他的信件由其子弗朗西斯(Francis)彙編成五卷，一個收錄了13,000多封信件的最後版本成形，由劍橋大學出版社出版。與達爾文通信的很多都是傑出的科學家，他們當年與達爾文的來往信件也幸得保存。要知道在那個時代，「生平和信件」可是對已故偉人的常見的紀念方式。最後，達爾文還寫下了大量可供出版的科學材料，從簡短的筆記、問卷到長篇論文，再到一連串的重要著作。他發表的全部著作都被收錄在弗里曼編製的精彩書目中(參見「推薦閱讀書目」)。

即使達爾文不是一個那麼著名的人物，留有數量如此驚人的傳記資料也足能確保他在19世紀的科學史中佔有一席之地。事實上，幾乎令人難以置信的是：記錄這位思想史上的偉大革命者生活的文獻竟會如此完整。那麼，對這一記錄及它對科學史的意義的探索已逐漸發展成了人們有時所稱的「達爾文產業」，也不足為奇。

查爾斯·達爾文1809年出生於什魯斯伯里。他的父親是位著名醫生。爺爺伊拉斯謨·達爾文(Erasmus Darwin)則是位更有名望的醫生和推理進化論者。

他的母親是陶瓷廠創始人喬賽亞‧韋奇伍德(Josiah Wedgwood)的女兒。查爾斯八歲時，母親病故，他主要由姐姐撫養長大。他先在當地的私立學校讀書，後來到愛丁堡大學學習醫學。由於無法面對重病患者所遭受的痛苦，達爾文放棄了醫學，從愛丁堡轉到劍橋，想做一名聖公會的牧師。在劍橋求學時，他成了植物學教授約翰‧史蒂文斯‧亨斯洛(John Stevens Henslow)的門生。在亨斯洛的影響下達爾文對科學產生了濃厚的興趣；也正是通過他的推薦，達爾文22歲時被選中以博物學家的身份參加了皇家艦艇「比格爾號」的考察航行。這次環球旅行歷時五年，1831年開始，1836年結束。在自傳中，達爾文總結了「比格爾號」航行對他一生的影響。

「比格爾號」航行是我一生中最最重要的事件，這次航行決定了我一生的事業……我總覺得自己第一次真正的思維訓練或教育是在這次航行中完成的。它讓我身臨其境地接觸到了博物學的幾個分支，也讓我原本就較敏銳的觀察能力得到了進一步提高。研究所到之地的地質狀況更是極為重要的，因為推理在此要發揮作用。當剛開始考察一個新地區時，沒有甚麼比雜亂的岩石更讓人感到絕望的了；但是，通過把許多不同地點的岩石和化石的層理與性質記錄下來，不斷推測和預測其他地方將會出現的

地質情況，很快便會對這個地區有新的發現，對它整個構造的理解也就變得多少有些頭緒了。我當時隨身攜帶了賴爾的《地質學原理》第一卷，並且用心地加以研究；這本書從許多方面來説都使我受益匪淺。當我考察第一個地方——佛得角群島的聖地亞哥島時，便清楚地體會到賴爾地質學研究方法之優越，遠不是我隨身攜帶的或以後讀到的其他著作所能比的。我的另一項工作是搜集各種動物的材料……但由於不會繪畫，又沒有足夠的解剖知識，以致於我在航行期間所寫的一大堆手稿幾乎都是無用的……每天，我都拿出一部分時間來寫日記，非常用心地將我看到的一切仔細清楚地描述下來。事實上，這是一種不錯的做法……然而，上述各種專業研究，相比起我當時養成的一種習慣——對於自己所從事的任何工作都兢兢業業和專心致志——就顯得沒那麼重要了。我總是盡力把所想到的或讀到的一切與我所見到的或可能看到的聯繫起來，這一習慣在五年的航海生活中一直延續下來。我確信：正是這種鍛煉才使我日後在科學上有所建樹……至於對自己的評價嘛，我在航海期間勤勉地工作，孜孜以求，既是由於對研究本身充滿興趣，也是因為我非常希望能給自然科學的大量事實再增添一二。當然我也希圖能在眾多科學工作者中謀得一席之地；至於這種志向與我的同仁相比，算不算是雄心大志，我就不得而知了。（A 44–46）

從「比格爾號」航海歸來，達爾文已是一名大有前途的地質學家。他的兩個發現：一是關於珊瑚礁起源和分佈的綜合理論；二是他對持續的大陸快速抬升繼而形成安第斯山脈的論述說明，後者雖較傳統但卻同樣讓人印象深刻，讓當時最偉大的地質學家查爾斯·賴爾 (Charles Lyell) 對他肅然起敬。他們的終生友誼便由此開始。賴爾是地質科學演化學說的傑出代表人物。這一學說乃是地球史研究方法上的一次革新，它認為如今仍在發生的並且可知的地質變化過程足以解釋地殼的演化，根本不必用造物主神奇力量的干預來解釋。「比格爾號」航行到南美時，達爾文得到了賴爾的《地質學原理》第二卷，此卷論述了生物進化和動植物的分佈。儘管賴爾拒絕接受生物進化論，但《地質學原理》仍是達爾文在「比格爾號」上讀到的唯一一本具有重要科學價值的著作。的確，他很少讀到過這樣的書，正如在下一章中所強調的那樣，該書對「比格爾號」航行的科研成果產生了巨大影響。

> 我總感覺我的著作一半是受了賴爾的啟發，對此我總是感激不盡……因為我一直認為《地質學原理》的最大優點在於：它改變了一個人的思維模式。（ML i. 177）

對南美現有哺乳動物和哺乳動物化石之間關係的觀

察，以及在離厄瓜多爾海岸不遠的加拉帕戈斯群島上所發現的獨特動植物種類在南美洲的出現，最終使達爾文確信：賴爾的生物進化觀點是錯誤的。

1837到1839年這三年時間裏，達爾文在業餘時間寫了大約900頁的個人筆記，其中包含了完整的進化理論。佔去他餘生精力的所有主要問題都被一一談到了，觀點深刻而獨到，極富創見。達爾文在很多前沿領域快速形成了他的進化觀點，在他的筆記中看不到一個有序積累和逐漸合理化的過程。這個理論作為一個連續完整的論點最先出現在他1842年所寫的一篇35頁的概要中，隨後又出現在1844年的一篇230頁的論文中。這兩次所寫的內容原本都不打算出版，但達爾文怕萬一會早逝，就提前對1844年論文的出版做了精心安排，交待給了妻子。

1839年，達爾文出版了《航海日誌》的首版，為大眾讀者描述了「比格爾號」航行的經歷和發現。讓他驚訝的是，這本書很快成為19世紀最廣為閱讀的旅遊書籍之一。但《航海日誌》中幾乎看不出進化思想的痕跡，甚至在1845年的新版中也是如此。從1842到1846年，達爾文共出版了三卷書，講述有關「比格爾號」航行的地質學研究成果，作為遠征考察官方記錄的一部分。

1839年，達爾文與埃瑪‧韋奇伍德(Emma Wedgwood)結婚，他們的第一個孩子於1841年出生。此時，

圖 1 「比格爾號」在龐森比桑德　這幅由康拉德·馬滕斯(Conrad Martens)創作的油畫展現了1834年12 月「比格爾號」在南美洲最南端的火地島的情形。當時，達爾文參加了一項由船長菲茨羅伊發起的不同尋常的社會實驗活動。在早些時候對火地島的一次考察中，菲茨羅伊俘獲了3名火地島的印第安人並把他們帶回英國接受文明社會的薰陶。在達爾文參加的這次航行中，「比格爾號」又把他們送回了火地島，還送去了一名傳教士以及一些文明服飾。9天以後「比格爾號」再次返回火地島時，文明服飾已遭偷竊，傳教士也受盡磨難。

原本體格健壯的達爾文身體狀況開始惡化。1842年，全家離開倫敦搬到肯特的唐別墅居住。此後除了偶爾到倫敦或去拜訪親戚，達爾文離開唐別墅就只是出於健康原因去進行溫泉療養，在那裏接受毫無效果和樂趣的水療。長期的研究也未搞清達爾文究竟得的是甚麼病。他很容易疲倦、失眠，經常感到腹痛和噁心。他餘生裏儘管病痛纏身，但仍堅持工作。只要身體允許，每天都花幾個小時詳細記下關於流逝時日的點滴。

與幾位傑出科學家的親密友誼，特別是與賴爾和植物學家約瑟夫·胡克(Joseph Hooker)的交往，使達爾文在唐別墅的獨居生活得到調劑。1844年的論文剛寫完不久，胡克就有幸拜讀，享此權利的就僅他一人而已。在繼續積累有關物種問題的資料的同時，達爾文還開始了對一個全新領域 —— 人們知之甚少的一類海洋甲殼動物藤壺的分類研究。這是一個浩大的研究工程，其成果於1851–1854年間出版，立即成為這方面的權威著作。達爾文感覺這一成就並不足以體現他8年的工作收穫，他的看法可能是對的。然而，物種的分類和定義卻是達爾文希望用進化論進行革新的一個領域，這些研究工作肯定是抱了要親自發現分類中存在的問題這一目的而開始的。儘管進化理論對達爾文總的研究方法而言是非常重要的，但在關於藤壺研究的專著中，他並沒有明確提到這個理論。

到1854年時，達爾文感覺時機已成熟，準備把他

圖2　1840年的達爾文，已婚，住在倫敦，之後不久即在唐別墅定居下來，當時他的自然選擇進化論的主要論點已經形成。

的進化論完整呈現給公眾，加上有朋友們的催促，他開始着手把17年來收集的材料加以整理，寫成一本巨著。但最終他沒有完成此書，因為1858年時，他收到在婆羅洲工作的阿爾弗雷德·拉塞爾·華萊士(Alfred Russel Wallace)的一封信，信裏附有一篇簡短論文，該論文簡明扼要地總結出了整個達爾文理論的內容。這令達爾文既尷尬又難過，進退兩難，不知該怎麼辦，於是他把論文交給賴爾以徵求他的意見。賴爾和胡克建議達爾文將自己的部分材料，即1844年論文的摘要和1857年寫給美國植物學家阿薩·格雷(Asa Gray)的信的部分內容，連同華萊士的論文一起寄給倫敦的林奈學會以同時宣讀。然而這件事當時並沒引起人們的注意，以至林奈學會的主席在對學會的活動進行年度總結時，都忽略了這一可能是所有時期的學術學會活動中意義最重大的事件，竟說道：「可以說，今年……的確沒有甚麼重大發現能立即引起相關學科的巨大變革。」

因為懊惱和擔心人們能否認可其20年研究成果的優先權，加上疾病和喪子之痛，達爾文只好把巨著的寫作放到一邊，着手寫一本摘要性的著作。這就是1859年底最終出版的《論物種通過自然選擇的起源，或在生存鬥爭中有利種類的保存》。

《物種起源》的出版立刻引起了公眾和科學界的強烈反響。激烈的爭辯隨之在報紙、雜誌及科學會議

上展開。達爾文最狂熱的支持者，年輕的托馬斯·亨利·赫胥黎 (Thomas Henry Huxley)，是一位才華橫溢、能言善辯的解剖學者，他在公眾面前堅決捍衛《物種起源》，而此時的達爾文則退避到唐別墅對該書此後的版本作內容上的修補和完善。1860年英國科學促進協會在牛津舉行的一次會議上，牛津主教塞繆爾·威爾伯福斯 (Samuel Wilberforce) 決心「徹底擊垮達爾文」，會議由亨斯洛主持，胡克和赫胥黎都出席了這次會議。由於對自然史瞭解甚少，威爾伯福斯

> 滔滔不絕地講了足足半個小時，情緒激昂，言辭空洞，充滿偏見……不幸的是，這位主教慷慨陳詞之餘竟然忘乎所以，結果把他原本意欲取得的優勢幾乎變成了人身攻擊，他轉向赫胥黎，神氣十足地問道：我忘了準確的用詞，只能引用賴爾的話，「大主教問赫胥黎，到底是他祖父的一方還是他祖母的一方，是猿猴的後代呢？」(L ii.321–322)

赫胥黎轉向他的這位鄰座，說「上帝已把他放到了我的手掌心裏」。他輕而易舉地回答了威爾伯福斯主教提出的幾個科學問題後，便以壓倒性的反駁滅了威爾伯福斯的威風，為達爾文贏得了勝利：

> 我堅信……一個人沒有理由因為他的祖先是猿猴而

感到羞恥。如果有會讓我感到羞恥的祖先的話，倒是這樣一個人，他才智出眾但卻頭腦多變，極不安分，不滿足於在自己的領域內取得的所謂成功，硬要插手他一竅不通的科學問題，結果只能是雲山霧罩，不知所云地一味誇誇其談，靠一些慷慨激昂但卻不着邊際的議論以及花言巧語煽動宗教情緒來混淆視聽，蠱惑人心。（L ii.322）

英國科學促進協會是19世紀中期的一個重要論壇。聽說牛津的舌戰後，達爾文馬上寫信給赫胥黎：

我從幾處都聽說，牛津辯論會給了該理論莫大的支持。這次辯論具有重大意義，它向世人表明了有一些傑出人士並不懼怕發表自己的意見。（L ii.324）

他在信中同時也道出了實情：

我由衷地欽佩你的勇氣；我寧願死去，也不會在這樣一個會議上來回答那位牛津主教提出的問題……（L ii.324）

從1860年到去世，達爾文撰寫了一系列重要著作，進一步闡述了進化論的多個主題。大多數主題都在《物種起源》中有所涉及，但每本新書不僅在方法上而且

在內容上都有鮮明的獨創性。其中兩本書與人類有關，還有一本書是關於家養狀態下的變異，這些著作進一步深化發展了達爾文在1837–1839年間簡略提出的觀點。有三本是關於花卉的有性繁殖的，其中兩本關於攀緣植物和植物運動的其他習性，還有一本探討食蟲植物的書，這些都反映了達爾文對生物適應性這一普遍問題很感興趣，也說明由於疾病纏身造成的種種限制，他只能在自己的花園和溫室裏做實驗。他的最後一本書，出版於1881年，講述了蚯蚓在腐殖土形成過程中的作用，由此回到了1838年他最初出版的科學著作討論的主題上。

達爾文的疾病和天生羞怯的性格使他遠離公眾生活。對進化論他既未作過公開演講，也未撰寫過比《物種起源》更通俗易懂的讀物。他的名聲一半來自個人的努力，另一半則歸功於其仰慕者的熱情推崇。赫胥黎首次聽說自然選擇原理時，便如同使徒保羅受到了啟示，從此開始極力為達爾文辯護。後來赫胥黎回憶起當時感到自己「簡直愚蠢透頂，竟然連這都沒想到」。從1859年直到1894年去世前，赫胥黎一直都在竭力說服那些異常頑固的人接受達爾文的觀點。好鬥善辯、聰穎機智的他迫使科學與《聖經》的衝突公開化，不給任何想讓二者和解的企圖留下餘地。赫胥黎經常給普通勞工作通俗演講，從而使進化論深入到這些遠離高層宗派衝突的普通百姓之中。正是由於赫

胥黎的努力，達爾文革命的進展才如此迅速，以至於所有親身經歷過它的人都把它看作是一場革命。

達爾文對科學的卓越貢獻在生前從未得到皇家學會的正式承認。1864年，他被授予科普利獎章，這是皇家學會的最高榮譽，表彰詞中明確提到他的貢獻不包括進化論。在他去世後，皇家學會作了補償，設立了達爾文獎章，它的最初三位獲得者便是華萊士、胡克和赫胥黎。

達爾文從家族裏繼承了足夠多錢財，可以保證他不必為謀生而工作。他的書銷量很大，也為他增加了收入，加上擅長管理財務，到去世之前，他已變得非常富足。他受到科學界密友的尊敬和家人的愛戴，他對他們也是一片摯愛。家裏先後失去了三個孩子，每個孩子的夭折都讓他極其悲傷。任何殘忍的事情都會使他充滿義憤：《航海日誌》中他激烈抨擊奴隸制度的那段話，讓人感受最深。這也是引起他與賴爾爭吵的唯一事件。

宗教方面，達爾文由年輕時的一個正統基督徒轉變為一個不可知論者和懷疑論者，並一直到老。

> 對宗教的懷疑在我心中慢慢滋長，到最終還是完全不信了。這個過程是如此緩慢，以至我並未感到任何痛苦和沮喪，且從那時以來我片刻都未懷疑過我的結論的正確性。的確，我幾乎也看不出任何人會

希望基督教的教義是真的。因為如果真是這樣，那根據《聖經》所說，那些不相信基督教的人，其中包括我的父親、兄弟以及我幾乎所有的摯友，將會受到永久性的懲罰。這是一條可怕的教義。(A50)

達爾文只是在他為家族所寫的自傳裏表達過他的這種不妥協的宗教觀點。若非如此，就很難想像1882年時赫胥黎會放棄與虛偽勢力的鬥爭，協助將達爾文的靈柩運往威斯敏斯特教堂安葬。

第二章
達爾文主義的基礎

達爾文的生物進化論融合了三個基本概念：物種、適應和進化本身。本章主要介紹這些概念，以說明在達爾文開始其研究之初它們的結合程度，以及在「比格爾號」航行之前、航行期間和歸來後不久這些概念是如何彙聚於達爾文的頭腦之中的。附帶也介紹一下19世紀初基督教，尤其是英國國教會對這三個概念的看法。

即使是極不經意的觀察者也能看出生物界的某些分類現象。達爾文年輕時，盛行的物種概念裏包含三方面的分類思想。第一個也是最明顯的方面是：不可再分類型的概念，即種內關聯而與別的物種是不連續的。這是通常所說的「種類」，如「貓」這一種類包括所有的個體貓，其他動物被排除在外。第二個方面是分類層級觀念，所有的物種可以根據相像程度按層級進行排列。相似的物種歸入一個屬，相似的屬歸入一個科，如此類推，經過更高的分類階元直到非常概括、非常寬泛的分類範疇，如「植物」和「動物」等。第三個方面最難理解，即天生性狀的層級概念或

其他某種負載了價值的觀念。從初級的、靜止的、無感知的植物到敏銳的、活躍的、有感知的動物，物種以數不盡的形式存在着。處在這個等級最底層的有機體，幾乎很難與無機界區分開，而人類這個物種似乎佔據了最頂端。物種概念的所有三方面內容，類型觀念以及每種類型在分類層級和價值評估層級中的地位，自亞里士多德以來在西方思想中一直清晰可見。幾種理念都在當時人們普遍接受的關於生物的觀點中留下了各自鮮明的印跡，這種觀點主宰着達爾文之前19世紀的正統宗教和生物學思想。

把物種作為基本分類單位的理由有很多。一般性觀察支持這一點，平時的經驗也為之提供了更重要的證據：一個物種的個體只能與自己的同類成功交配並繁衍後代。如此普通的經驗事實也贏得了柏拉圖唯心主義哲學思想的認可。個體貓並非是作為個體本身而是作為一個種類的代表呈現在人們的腦海裏：正是那些在個體貓身上未能全部表現出來的貓的本質屬性，才是理性思維所要思考的內容。

最終，《創世記》的教義把普通經驗與柏拉圖的哲學思想結合在了一起：「造物主用泥土造就了所有地上的走獸和空中的飛禽，然後把它們帶到亞當面前讓他來命名，亞當給每種生物取甚麼名字，從此以後它就叫甚麼。」

值得注意的是，最基本的具體物種概念與物種世

代恒久不變的概念長期緊密地糾結在一起。《創世記》中的創世故事形成了生物起源的一個說法。動物和植物被分類而造，然後通過繁殖力得以延續，至今保持不變。依照這種說法，生物的形成過程中有兩個法則發揮了作用：神奇的創造力作用於物種層面上，其次是繁殖力作用於種內的個體成員。《物種起源》中達爾文的核心成就是向這一物種起源二元論成功地發起挑戰，取而代之以一個簡單確知的、可觀察到的形成法則：繁殖。

17世紀末的約翰·雷(John Ray)和18世紀的林奈(Linnaeus)，依據經驗對生物進行分類，創立了統一的分類概念。這一分類對達爾文之前的生物學和宗教思想產生了極其深遠的影響。事實上不管發現了多少物種，把所有物種放到一起並不顯得混亂，這一事實本身就有待解釋。如果物種是一個個被創造出來的，那麼這個龐大組織體系的意義何在？在神創論主宰的概念世界裏，生物的層級分類在《聖經》裏並沒有得到明確的說明。因此，生物界的分類體系便大致與後文藝復興時期的自然觀融合在一起，就像一台複雜的機器，它的運轉很有規律，要受到法則的制約，這些法則確立了個體間的恰當關係。當時在生物界盛行的這種秩序體現了造物主這位神聖立法者的傑作，正如運動和重力定律主宰着物體之間的關係一樣。19世紀早期，人們做了各種努力，企圖從經驗分類中歸納總結

出生物界的正式體系，找到類似物理定律那樣嚴格而又客觀的生物分類法則。

由於生物的多樣性，此種「分類體系」註定不會成功，它雖然是按等級分類，但缺乏任何規則或對稱性。某些生物群體中的個體千差萬別，而另一些群體情形則正相反。類群之間的差異有大有小。最糟糕的是，隨着18世紀動植物標本收集量的增加及更進一步的系統研究分析，原本用來區分不同物種的差異變得不再成立。林奈開始寫《自然系統》(1735)時，完全確信「種」作為分類單元的絕對性，但在他去世時，卻對人們通常認可的「種」之劃分的有效性不再有把握。解剖結構方面的差異，使得一個物種和一個與其沒有實質性差異的變種間的區分變得更加困難。明顯屬不同物種的成員之間有時可以雜交並繁殖有生育能力的後代。為了避免以「種」為基本單位的「分類體系」的不統一，林奈最終只好採用了「種」的上一級分類單位「屬」來解決所面臨的一致性問題。在18世紀，認為生物是分類而造的創造論基石的瓦解是進化生物學發展中多次出現的主題。

可以看出系統生物學有兩條主線：對野生物種的細緻分析；同時又試圖把隨意的秩序強加於經驗分類，它們在進化生物學發展過程中具有截然相反的作用。不過，對造物主神聖創世計劃的探尋引發了系統分類中荒唐至極的想法，同時也激發了人們研究自然

界以揭示上帝創世意圖的熱情。科學定律被看作是在整個宇宙間尤其是在地球上實現這一意圖的媒介與手段。自然現象本身不再那麼神奇：物體之間的關係可以用科學定律來解釋。這些都是「次級」法則，如果解讀得當，其作用結果將會顯示造物主的仁慈，他創立這些法則正是為了保證世人生活得舒適。整個自然體系的各個部分在科學法則的保障之下相互適應，這意味着背後有一隻設計之手。

18世紀初，英國聖公會已經基本上放棄了神啟論，轉而贊同自然界能順應人類的需求，把這看作是上帝存在及其屬性的重要證據。由於「自然」神學的發展，自然界中生物適應性的各個方面都可用來作為論據，不論是否明顯為人所用。這種神學思想在當時很盛行：1836年當達爾文從「比格爾號」航行歸來時，當時很有名氣的劍橋哲學家威廉·休厄爾（William Whewell）仍然認為「整個地球，從一極到另一極，從周邊到中心，總是把雪蓮放在最適合其生長的地方」。

這種荒唐的思想早在60年前就受到休謨（Hume）懷疑論的挑戰。他在《關於自然宗教的對話》一書中指出：我們不能因為現在的適應狀況良好就去否認以前可能存在過不夠理想的狀態。事實上，地質學的發展似乎恰能提供證據來證明過去存在過這種狀態。在這些壓力面前，英國聖公會的自然神學派便退避到看似

牢不可破的生物學堡壘中。他們認為只有有目的設計才能形成如此複雜的機制，才能設計出像人手或鷹眼這樣適應需要、功能完美的器官來。生物界的設計觀點是由卡萊爾的執事長威廉・培利（William Paley）提出的，他在《自然神學，或自然現象中神之存在與屬性的證據》（1802）一書中作了雄辯而有力的論證。1827年達爾文進入劍橋想成為一名聖公會牧師的時候，培利代表着當時國教會的觀點，他的著作達爾文以前「幾乎能原樣背誦下來」。

毫無疑問，達爾文在劍橋大學時對自然神學的深入瞭解對他很有幫助。植物和動物對生活環境的適應是任何生物演化理論都必須解釋的現象。在自然神學家看來，對環境的適應比物種的差異顯得更為重要：不同的動物和植物可以被看作是體現了不同的適應方式。如果某種生物的適應性變化可以不用靠神跡來解釋，那就可以自由地去解釋所有適應現象以及物種的多樣性。

自然神學首先是一種樂觀主義的理念，相信造物主本性仁慈。因此，它不可避免地要費盡心思以大量雄辯的言辭去解釋與其理論矛盾和不符的現象，即自然界中無處不在的邪惡、痛苦和苦難等，它們在上帝最重要的傑作——人類身上體現得尤其明顯。為使上帝免受管理不善的指責，對此的辯護則基於如下一種假設：它認為痛苦和苦難暗示了造物主的一種更高深

的意圖。如果該觀點是正確的，則意味着生活中的黑暗面是必要的，試圖通過社會進步減輕人類所遭受的苦難的做法，顯然與上帝的神聖旨意相悖，註定會失敗。為與自然神學思想保持一致，這種觀點最終在自然界中找到了合理的現實證據。一位英國國教的神職人員托馬斯·馬爾薩斯(Thomas Malthus)指出：生物的數量往往以幾何級數增加，會耗盡環境資源，因此，它們之間存在着不可避免的生存鬥爭。在他1798年發表的《人口論》中，馬爾薩斯認為這個理論同樣適用於人和其他所有生物，這是一種不可避免的自然法則。因此，人類必定要遭受由於人口過多而帶來的屈辱和苦難。如果要尋求安慰，那也只能是在現實困境所激發的對美好生活的渴望裏尋求，而不要指望這些渴望全都會得以實現。

馬爾薩斯的《人口論》是一個複雜時期的複雜產物，但卻深深植根於自然神學思想，其中的完美創世概念顯而易見。不過1838年達爾文閱讀該著作時，完全來自其原着的經驗性概括卻為達爾文提供了生存鬥爭的理念，而它也成為達爾文進化論的基石之一。

構成達爾文生物進化論的三個核心理念中，進化理念本身當然是最深奧也最複雜的。然而對達爾文而言，這個理念的歷史，或者在他之前其所呈現的各種隱約不同的思辯形式，並不重要。當達爾文在「比格爾號」上閱讀《地質學原理》時，所接受的是經過地

質學家查爾斯·賴爾嚴謹評判並去粗取精後的理念。因為正是在地質學領域裏，進化理念才脫離了兩千多年的思辯哲學範疇，首次進入科學領域。

進化哲學的核心思想是整個世界處於不斷變化中。一旦假定物質世界的變化是有規律的，是受規則支配的，且反映已知時間段裏事物變化關係的定律同樣適用於那些未被直接經歷過的時期，進化哲學的這一核心思想就成為了科學研究的對象。通過找出目前變化的原因，從理論上就有可能解釋世界是如何變成現在的樣子的。這就是一致性原則，它在18世紀作為信條式的原理被逐漸引入了地質學。它是所有科學進化理論的基礎，無論是關於地表演化、生物演化還是宇宙演化的。

地質學把地球表層看作是一個運動和變化着的構造，是運動變化着的宇宙的一部分，這最終將會不可避免地與神學對科學發展的限制發生直接衝突。歷史地質學強調緩慢的、持續的變化過程，為地球過去的演化描繪出了一個新的幾乎無限長的時間跨度表，它根本不承認創世學說中那些神奇的瞬間創世故事。厄舍爾（Ussher）大主教撰寫的編年史，根據17世紀初期《聖經》文本的記載，計算出從創世到基督的誕生只有四千零四年的歷史。而從可觀察到的地質變化過程，如隆升、侵蝕和沉積來看，顯然需要有數百萬年的地球發展史才能解釋巍峨山脈或峽谷深壑的形成過

程。而且，科學演化地質學所呈現的世界畫面並不需要一個即刻現身干預的神靈。一旦物質材料具備了，其中宇宙和地球的演化就能自然而然進行。

　　因為地質學家擴展了地球史的時間跨度，這也迫使人們對創造論的概念進行重新審視。嵌於岩石中的絕滅生物的化石突然間變得不可思議地古老，即使在比喻意義上也很難與諾亞洪水時代聯繫起來。由此進化生物學與進化地質學不可避免地聯繫到了一起，18世紀地質進化的支持者也毫無例外地支持生物進化。到19世紀初，生物起源於更原始祖先的進化觀點已普遍流行，尤其是在法國。同時一個可喜的巧合是，正是達爾文的祖父伊拉斯謨·達爾文，一位對眾多領域都滿懷熱情的進步人士，在他的通俗巨著《動物生理學》(1794–1796)裏將生物進化概念介紹給了英國讀者。

　　然而，需要注意的是，19世紀初時進化地質學與進化生物學的進化概念有着顯著區別。這時的進化地質學顯然已經脫離了思辯哲學的範疇，憑着對自然界和特殊地質變化過程的明確認識，已經進入科學範疇。相比之下，進化生物學基本上仍是一種理論推測，對解釋一些目的論現象有一定價值，對進步人士而言比正統宗教所宣揚的災變論更容易讓人接受，但卻沒有任何進化演變過程或機理方面的知識作為證據來支持它。就是在這種情況下，生物分級評估思想開始流行，對自然界按等級進行了分類，從最低級的微

圖3　地質學家查爾斯·賴爾(1797–1875)，他的《地質學原理》是達爾文在「比格爾號」上的讀物。提到他時，達爾文寫道：「我總感覺我的著作一半是受了賴爾的啟發。」

生物到最頂端的人類。整個18世紀，對自然界的等級劃分都沿時間維度排列，與其間出現的進步和發展密切相關聯。由於分級評估原則本身不夠明確，而且最原始的類型與進化的最高級產物持續共存，加之對一個物種到另一個物種的演化機制完全不知，因此，等級分類體系這一形而上學的概念與自然界之間的關係總是混亂不堪。隨着進化地質學的方法論基礎變得更加穩固，其踐行者逐漸擺脫了進化生物學的羈絆，因後者的科學地位還是讓人深感懷疑。儘管進化地質學與《聖經》直接衝突，但在與神學宗教曠日持久的鬥爭中，進化地質學還是憑着其無可辯駁的論據優勢最終獲得了勝利。進化生物學的情況則差得很遠，專業的地質學家連同神職人員一起質疑它的理論基礎。

透過賴爾對法國博物學家和地質學家讓·巴普蒂斯特·德·拉馬克(Jean Baptiste De Lamarck)進化論的態度可以把本章複雜的線索加以梳理。拉馬克的進化理論1809年發表於其《動物學哲學》一書中，它顯然是沿襲了推理進化生物學傳統。它對達爾文理論發展的意義在於，它引出了賴爾《地質學原理》第二卷中對生物進化問題極有見地的長篇探討。此外，拉馬克的進化理論融匯了本章涉及的所有基本概念。

作為一個博物學家，拉馬克強調區分物種與變種是極其困難的，早在達爾文之前許多年他就否認物種的客觀真實性。他同時也指出生物對環境有着細緻入

微、精妙絕倫的適應性，並注意到環境變化能影響動植物的構造和習性，使它們朝着有利於自身生存的方向發展。作為一個地質學家，他強調地球在漫長的地質年代中經歷了地質和氣候上的巨大變化。最後，作為一個推理進化論者，他提出了一個結構變化遺傳機理，但沒有任何證據。拉馬克提出：動物由於意識到新的需求而在其驅動下不斷進化，而這反過來促使習性改變以更加適應這些需求，習性變化引起動物身體構造發生變化，進而使其習性更加高效。最終，動物一生期間應對各種內在需求形成的身體結構上的變化會被後代繼承。因此，野鴨和水獺腳上都長有蹼，是緣於其祖先對在水中生存的熱衷。同理，受不同需求驅使，人類得以從其類人猿祖先進化而來。

賴爾承認進化生物學和地質學的有力論證，但卻無法接受拉馬克的生物進化機理，認為那只不過是空想臆測。因而這位當時最偉大的進化地質學家對所有進化生物學思想都不予認真考慮，直到他最終被達爾文所發現的令人信服的進化機理所折服。

而它就是達爾文的概念性遺傳。物種的起源是當時沒有解決的大問題，我們的一位最偉大哲學家稱之為「秘中秘」（O 1）。這位哲學家就是約翰·赫歇爾（John Herschel），他是一位物理學家，達爾文上大學時就很推崇他在科學方法方面的著作。達爾文學習神學時，培利的著作裏就詳細闡述了生物適應問題，接

觸之後達爾文認識到這個問題在《物種起源》裏尤其需要加以解釋。任何進化理論「都不會令人滿意，除非它能說明存在於這個世界上的數不清的物種是如何發生改變，以獲得令我們驚歎的完美構造和相互適應的」(O 3)。達爾文首次接觸有關進化的研究是從他在「比格爾號」上閱讀賴爾的《地質學原理》開始的。那時，他開始挖掘化石，這些化石使他首次確信生物進化確實發生過。賴爾主張科學進化論必須提供一個進化機理，這迫使達爾文把這一問題而非其他進化方面的問題看作是關鍵的環節。從「比格爾號」回來後不到兩年時間內，他就率先補出了馬爾薩斯理論中的缺環，「秘中秘」就這樣迎刃而解了。

> 經過仔細的研究和冷靜的判斷之後，我可以毫不懷疑地說：大多數博物學家以及我以前所持的觀點 —— 即每個物種都是被獨立創造出來的 —— 是錯誤的。我完全確信物種是可變的；但那些屬我們所說的同一屬的物種則是某種通常已經滅絕物種的世襲後代，這與我們所認可的任何物種的不同變種都是該物種的後代是一樣的道理。(O 6)

達爾文深知他的進化論與許多前輩的理論之最大差異就在於，它解決了進化機理中至關重要的附屬問題。這一解決方案，達爾文稱之為自然選擇，事實上是一

個很基本的論點，其前提非常簡單且為人們所普遍接受。《物種起源》一問世，就遭到批評家的猛烈抨擊，這無疑是人們對其推理邏輯的一種反應：由可接受的前提經過簡單論證卻無可避免地推導出了一個讓人難以接受的結論。

第三章
自然選擇與物種起源

　　生物進化的機理是自然選擇。與地質變化過程不同，自然選擇不易直接觀察到，但可以從對觀察到的其他現象的論證中推斷出來。論證是建立在三個看似各自獨立的有關生物特性的一般性結論之上。這三個結論繼而又成為一個形式推理的前提條件或公理性前提，而這個形式推理得出的結論則是對生物特性的進一步歸納。如果這三個公理性結論邏輯上是正確的，且沒有忽視其他相關的有效結論，那麼其推論一定也是正確的，而且應該能觀察得到。

　　第一個結論：任何物種的個體成員之間在許多特徵上都存在某種程度的差異，無論是結構特徵還是行為習性方面。即使是那些最頑固堅持物種不變觀點的人也接受這一確鑿事實。「沒有人會認為同一物種的所有個體都是從一個模子裏刻出來的。」（O 45）

　　第二個結論：個體變異在某種程度上具有遺傳性，也就是說，可以從一代傳到另一代。「或許應該這樣認識這一問題，性狀遺傳是正常規律，而不遺傳則是異常現象。」（O 13）

最後一個結論即馬爾薩斯原理：生物繁殖的速度會使其數量超出環境所能承載的容量，結果必然導致許多生物滅亡。

> 一切生物，在其自然生命週期中要產生若干卵或種子，在其生命的某一時期必定會遭遇毀滅的威脅……否則，按幾何級數增長的原理，它們將會因數量的迅速增加而變得無處存身。因此，既然繁殖出的個體數量多於可能存活下來的個體數量，生存鬥爭將不可避免：不是同一物種內的個體之間就是不同種類的個體間相爭，或者是與其所生存的自然環境條件之間相爭。(O 63)

自然選擇定律是遺傳性變異、繁殖和生存鬥爭推導出的結果。

> 如果……生物在其整個構造的幾個部分上存在差異……如果自然界中，由於每個物種按幾何級數迅速增加，存在嚴酷的生存鬥爭；那麼……如果不曾發生對各生物體有用的變異的話，我想那將會是不可思議的……但如果的確發生了對生物有用的變異，那麼具備這種特性的個體肯定在生存鬥爭中最有可能存活下來；從遺傳的觀點來看，他們也會繁殖具有類似特徵的後代。為了簡潔起見，我把這種存留原則稱為自然選擇。(O 126–127)

自然選擇何以成為生物演化的一個內在機制？下面三點可以幫我們解開這個謎。首先，自然選擇是一個過程：每一代生物體都會受到環境的選擇性影響，其中有些成員會絕滅或者不能繁殖。構造不同的個體面臨的環境選擇壓力也不均等，因而能成功繁殖的個體並非是偶然擇定的。如果每一代生物體所處的環境條件都稍有不同，如在冰期緩慢的氣候變化過程中，最能適應這種氣候變化的個體，其繁殖能力往往會超過那些抵抗力較差的同類。正如流水的侵蝕作用會改變山谷的地貌一樣，選擇的持續作用也會改變生物種群的構造。

其次，自然選擇和適應性變化很明顯是同一問題的正反兩面。一個生物體若能成功越過一代與一代間的障礙順利繁衍後代，就可以說它適應其生存環境。雖然對生物學家來說，對「適應」僅能給出的總體定義是指繁殖能力，但在給定環境條件下，人們通常能具體確定那些對繁殖有利的特徵是甚麼。以我們假想的冰期為例，皮毛厚這一特徵在極其寒冷的條件下顯然有利於生物成功繁衍或者說有利於適應當時的條件。但按照自然選擇的觀點，適應這個概念完全是以生物所面臨的環境壓力為條件的。皮毛厚在冰期最寒冷時顯然是一種適應，然而，隨着冰期退去，它又明顯成為一種不利的條件。自然神學家的「適應」概念是一種靜止的狀態，而達爾文的自然選擇說中適應對每一代則意味着不同的內容。

第三，自然選擇顯然是被理解為作用於生物種群的一個過程。個體繁殖不論成功或失敗，它們都只是選擇過程中的滄海一粟。談論個體進化毫無意義，進化是指由個體組成的種群從一代發展到下一代時其總體平均結構的變化。

在《物種起源》後來的版本中，達爾文引入赫伯特·斯賓塞(Herbert Spencer)的用詞「適者生存」來概括其自然選擇的理念。這個術語經常受到指摘，因為適應性只能由生存來定義，它其實是同義反復，對自然選擇理論而言等於甚麼也沒說。由於人們對此普遍存在誤解，把這個問題搞清楚一點還是值得的。避免同義反復的最簡單辦法是：提醒自己記著前面的第一個公理性結論：同一物種的個體成員間存在差異。相較於未能生存繁殖的個體，那些得以生存繁衍的個體事後被稱為「適應者」：對構造不同的個體自然選擇作用的結果不同。或許不僅僅是因為達爾文採用了斯賓塞的重複性術語，才給人們理解自然選擇觀點帶來了困難。在對自然選擇的原始表述中，達爾文使用了「對生物有用的變異」這一說法(上面引文中引用過)，似乎暗示「有用性」是生物變異固有的特性，發生這種有用變異的個體能充分利用環境。問題是：一種變異是甚麼時候證明「有用」或「有害」的呢？甚麼時候表明生物個體是「適應」或「不適應」呢？正確的答案必須是經過選擇之後，因為選擇的結果是

判定是否「有用」或「適應」的唯一標準。如果說達爾文沒有完全解釋清楚這一點，或許是因為他認識到關於自然選擇的整個論證似乎牽涉到一個矛盾：個體的消亡乃是適應性或建設性變化的一個必要條件。然而，如果他把那些被選擇出的變異標註為「有用」，則矛盾似乎就得以解決了。其實並不存在矛盾，無論生物會不會發生變異，由於存在生存鬥爭，每一代都必定會發生個體消亡現象。在每一代中，繁殖能力必然僅存於那些從上一代繁衍下來的倖存者，所以在進化中重要的是不要被自然選擇所淘汰。

達爾文反復強調生物體與環境各方面之間複雜的相互關係。在最早的一則筆記中，他用一個生動的比喻強調了生物體之間激烈的相互競爭是佔主導地位的選擇性影響力。

在觀察自然時，應時時記住……我們周圍的每種生物都在竭盡全力地爭取個體數量的增加；每種生物在生命的一定時期都必須靠鬥爭才能存活；每一代中或每隔一定時期，生物種群裏的幼小或衰老個體不可避免地會遭遇大量減亡。減輕任何一種抑制因素，或是稍微降低一下死亡率，不管幅度多麼小，這一物種個體的數量就會立即大增。自然界的面孔好比是一個易變形的表面，上有一萬個鋒利的楔子簇擁在一起，在持續不斷的撞擊力作用下不停向裏

推進，有時一個楔子被擊中，然後是另一個，而且力度更大。（O 66–67）

這段話講述了自然選擇的一個重要結果。自然選擇作用於個體的繁殖活動：一個「有用」的變異能使某一個體為下一代繁衍出比其他個體更多的子孫。因此，自然選擇意味着生物是「自私的」。這一論斷對達爾文而言意義重大，因為它把神創論和自然選擇進化論區分了開來。

自然選擇不可能純粹為了使其他某個物種獲益而讓一個物種發生改變……如果能證明任何一個物種的任何一部分結構是專門為造福另一物種而生的話，那我的理論就會被徹底推翻，因為自然選擇是不會產生這種結果的……我倒更願意相信貓捕老鼠準備躍起時尾部的蜷曲，是為了警告厄運將至的老鼠。……自然選擇永遠不會產生對生物本身有害的性狀，因為自然選擇的發生只可能是為了各物種本身的利益。（O 200–201）

我們會在以後的章節裏簡要討論這個論斷的一些重要限制條件。

如果生物間的相互競爭具有比氣候或地理變化更重要的選擇性影響，那麼，一種生物或一群相互影響

的物種的進化方向就變得幾乎無法確定。每一物種的變異將會在整個互動系統中產生深遠而廣泛的影響。為了確保進化，似乎不必考慮任何環境差異帶來的影響，除非它是由其他生物引起的。

在世界的某些地方，昆蟲決定着牛的生存。或許巴拉圭的例子是最稀奇的了；因為，該地區的牛……數量從未失控過，雖然它們在野生狀態下成群地南北遊蕩着……這是由於在巴拉圭有一種蠅，數量極多，它們專把卵產在這些動物剛出生幼崽的肚臍中（並會致它們死亡）。這種蠅雖多，但其數量的增加似乎受到某種習慣性力量的抑制，可能是鳥類吧。因此，在巴拉圭如果某種食蟲鳥（它們的數量或許受鷹或食肉野獸的調控）增多了，這些蠅就會減少，那麼，牛……就會增多，變得隨處可見，這肯定會極大地改變地表植被（在南美的部分地區我確曾見過此類現象）。而這種變化又會極大地影響昆蟲；爾後，受影響的將是食蟲鳥類……在越來越複雜的循環鏈中如此不斷地延續着。這個循環我們以食蟲鳥開始，又以它結束。其實自然狀態下動植物間的關係遠比這複雜。一場又一場的生存之戰此起彼伏，各有勝負；雖然某一微不足道的小事件就經常足以使一種生物戰勝另一種生物，但從長期看，

各方的力量會達到較穩定的平衡，以至於自然界在很長時間內會保持同一種面貌。（O 72–73）

認可這個例子本身很重要，它是一個假設性場景：在動態平衡系統中，食蟲鳥數量增加這一小小變化引起各種生物的比例發生波動，因為它們彼此之間有微妙的關聯。至於此處所提及的影響方式是否確切無誤，理論上對這一論點而言則無關緊要。臍蠅數量的增加可能主要受制於肚臍的數量，其次才受到食蟲鳥的制約。食蟲鳥的數量可能主要受制於另一種昆蟲的數量或者是疾病，而不是它們的捕食者。關鍵的問題是各種生物之間是相互影響的，一種生物的小小變化會對所有與之相關聯的其他生物產生影響；以此類推，永無終結地持續下去。

自然選擇是適應性變化的推動力量，作用於各代之間。隨着生物的代代繁衍，現生物種與其祖先的差別越來越大。儘管有繁衍的連續性紐帶相維繫，但還是很容易看到現生生物與其祖先的差別變得如此之大，乃至分類學家會將它們認定為不同的物種。這就是「物種是如何而來的？」這一問題答案的一個重要組成部分。然而，正如達爾文所認識到的，它還不是一個足夠充分的答案，除非所有現存物種代表了各自獨立的譜系中存活下來的成員，而這些譜系自地球有

生命以來就一直保持分立狀態。因此，這個答案並不能排除一個額外的創造法則在過去某個時期的干預，在它的作用下每個獨立進化譜系中的原始個體被創造了出來；似乎的確需要這樣一種創造干預的存在。

達爾文對於單獨的造物行為沒有必要存在的論證説明是《物種起源》中最複雜的一部分，對最終滌除創造法則起到了至為關鍵的作用。達爾文希望證明：作為遺傳和派生的結果，不同的現生物種之間存在關聯。兩個物種的成員之間，就像某一物種內的兩個成員一樣，由於共有一個祖先實際上是表親關係，不論關係有多遠。達爾文有段時間拼命尋找證據，想證明物種不僅傾向於彼此取代，有時還會產生分支，其結果是一個過去的物種到了現在可能就不止有一個後代物種。在《物種起源》裏，達爾文引入「自然體系中的位置」概念來闡述這個問題，我們現在把這個概念稱為「生態位」。任何物種都有一個地理上的「活動範圍」或延伸區域(如從北到南)，這樣其中一些成員就生活在一種條件下，而其他成員則生活在另一種類似但有差別的環境中。生物間存在着複雜的相互關係，例如食蟲鳥數量的增加可能會通過一系列中間環節改變牠的分佈狀況，它對一個物種部分成員數量增長的抑制作用與對其他成員的抑制作用肯定有所不同。因此，一個物種會因其分佈的區域條件不同而趨向於進行不同的適應。因適應略有不同的生態位而產

生差異的單一物種的不同組群被稱為「變種」。鑒於一個變種的適應變化會影響與之有關的其他生物體，無論途徑多麼複雜，這個變種的適應性變化過程會得到強化，其生態位會進一步發生改變。正如達爾文所認為的那樣，在擴展到新生態位的適應過程中，一個物種的變種與親體及其他變種的區別變得越來越明顯，直到最終獲得自成一種的特性。性狀的分化趨異程度似乎是無限的，它通過物種的不同群體對不同生態位的相繼適應而實現。

「自然體系」代表着無限多的生態空間，變種通過變異漸漸從其祖先種裏分化出去，努力「揳入」各個空間。達爾文明確指出他還發現這一過程往往會不斷持續下去，趨向於將所有空間都填滿。由於時間、變異和生殖力諸因素的作用，自然體系的容量必定會趨向最大化；由於一種生物基本上能為另一種生物創造一個生態位，異種共生就成了一個不難推導出的結果。植物的存在為食草動物創造了生態位；食草動物又給捕食它們的食肉動物創造了生態位。這是一個簡單的例子，卻足以說明一個原則，即「同一區域內所生存的生物越多，則它們在結構、習性和體質上的差異就越大」。最大限度的物種差異性才能保證空間的利用率最大化，因而物種的分化似乎也是物種數量增多的必要條件。然而，鑒於一個類種的適應性進化會影響到另一物種的生存環境，不只是個體成員，整個

物種都會由於競爭而面臨滅絕。物種的數量可能增加，但它們往往是以其他物種的減少為代價。絕滅也許可以通過適應性變化而避免，但也有可能避免不了。沒有法則可以保證任何生物或生物群體無限地存續下去。

達爾文用圖表達了他的觀點，毫無疑問，圖中不同分支的種內性狀適應分化是從整個進化理論所依據的基本前提可以得出的一個合理結果。此外，只要適應性分化可以出現，哪怕是在很小程度上，**邏輯上它就可以無限延續下去**。然而這個觀點有一個根本的漏洞，對此達爾文自己當然清楚，但始終沒有完全解決。也就是，它只是解釋了種內分化，而對於一個物種如何能夠演化成多個物種的關鍵問題仍然沒有解決。核心難題就在於如何給物種下定義。我們已經知道物種的字面定義確實包含着「與別的物種不連續」的含義。例如，貓看起來確實與根據分化原理當屬是它的「遠親」的其他類似物種不連續。然而，達爾文的論證中似乎沒有甚麼媒介或法則可以確立同一物種的兩個分支之間存在真正意義上的不連續性。一個物種的這一部分也許通過遺傳，代代繁衍走向一個極端，另一部分則通過不同的遺傳走向另一極端。但適應性變化同樣適用於兩個極端之間的中間個體。如果個體分佈是連續的，通過一連串、可以多至無窮的中間變異體，一個物種的那些極端類型必定能夠融合

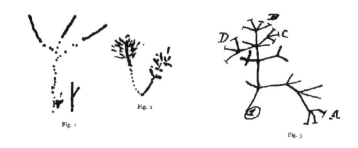

圖4　達爾文首次（1837/1838年）嘗試圖解分化這一概念。上面的圖1和圖2中樹枝末端代表現代物種，經過了中間許多代的絕滅類型，該物種已不再與其祖先直接相連。「生命之樹或許應該被稱為生命的『珊瑚』，枝的基部死了，所以無法看到轉變的過程。」在圖3中，達爾文又對絕滅現象作出推測，在他看來，它要能夠「使物種的數量保持恒定不變」。A、B、C和D各屬均有現存物種，其他分支已經消亡，使得現存屬之間產生不同程度的性狀分化。

在一起。事實上有一個強大的作用力在對抗着分化趨勢，那就是性繁殖的影響力。性繁殖過程把兩個個體的遺傳特徵結合起來，產生的後代特徵一般介於父母雙親之間。因此，性繁殖所具有的「正常化」效力一定會降低一個新生態位被一個與其大種群處於性繁殖延續中的潛在分支佔據的速率。正如字面定義所顯示的那樣，一個物種在其自身範圍內確是連續的，且本質上是保守的，儘管達爾文正確揭示出的分化趨勢的確存在。

　　一個物種真正分化為兩個物種的必要附加前提是：兩個潛在的分支間存在生殖隔離。到目前為止，要去推理論證適應性分化本身能夠在原先存在的繁殖

延續狀態中形成生殖隔離已證明是極其困難的。生殖隔離似乎不是一個物種的變種自身所能夠實現的。目前人們廣泛持有這樣一種看法：兩個變種要想成為兩個物種，必須有一個物理障礙介入其間。達爾文絕沒有忽視隔離在成種過程中的重要性，但他似乎在論證中逐漸忘記了它至關重要的作用。在他最初關於物種變化的筆記中，達爾文反覆提到隔離作為一個重要因素在成種過程中的作用，在這些早期筆記裏，他也意識到隔離的缺失所帶來的問題：「那些長期存在的物種是那些有着眾多變種的物種，通過交叉繁殖而保持相似。但是一些物種的長期不變性是個難題。」

在《物種起源》裏，達爾文再次指出物種的適應性分化趨勢與性繁殖連續性會產生相互對立的影響。

但如果一個物種佔據很大的地區，它所在的幾個區域幾乎肯定會提供不同的生存環境；然後自然選擇會在這幾個區域內改變和完善這個物種，在每個區域的邊界地帶，就會出現與同一物種內的其他個體雜交的情況。在這種情況下，自然選擇幾乎不能對沖雜交的影響，自然選擇往往會根據各區域的生存條件以完全相同的方式，改良每個區域內所有的個體。而在一個連續的地區，通常生活環境從一個區域逐漸過渡到另一個區域時，變化並不很明顯。（O 102–103）

但即使在《物種起源》的最後一個版本（1876）中，達爾文仍然堅持他的看法：儘管隔離可能確實會促進物種形成，但沒有它成種過程也可以發生。這種主張就很讓人感到奇怪，因為事實上不僅達爾文最初把隔離當作具體分化所需的一個幾乎不可缺少的條件，而且德國博物學家莫里茨‧瓦格納（Moritz Wagner,1813–1887）依據進化論的原理也提出了相同的觀點。

　　這個情況相當奇怪。沒有隔離，達爾文的進化論作為物種形成的一個機理確實存在不足。而且，他瞭解隔離這一現象，曾觀察到它的存在，注意到它所帶來的有利結果，也注意到它的缺失造成的一些不利情形。最後還有，當達爾文計劃對《物種起源》進行最大幅度的一次修訂時，一位明顯傾向於贊同進化論觀點的著名博物學家向他明確提出了這一問題。或許是隔離的不確定性讓達爾文頭疼。變異、遺傳和繁殖顯然是生物固有的屬性：它們幾乎可以被作為現成的公式用來推導進化問題。而隔離只發生於物種的部分群體之中：也許是因為偶然來到了一個島上，或因為一座大山屏障的介入，或因為其他一些雜亂、毫無邏輯的過程所致。由於這種雜亂、不合邏輯的過程確實發生過，達爾文對於隔離概念並無異議，而且它確實有助於他很好地解釋地理分佈上的一些實際現象。但他

從未完全接受這個觀點，即新種的形成也不是生物單靠自然選擇就能產生的固有屬性。

我們在本章談了達爾文進化論的核心內容。生物體在各方面往往存在差異，無論其多麼細微；變異，無論多小，往往會遺傳下去；出生的生物數量會多於能夠生存繁衍下去的數量。從這幾個得到普遍認可的前提，我們能夠推導出一個物種的適應性變化是沒有確定方向、也沒有程度上的限制的。今天的生物都是過去存在生物的變異後代。此外，如果種群分佈空間一定，且存在繁殖隔離的機會，我們還能推導出：這些稱作物種的相似但不連續的生物族群分別是數量比其要少的先前存在物種變異進化後的後代。既然適應性變化不存在必要的限制，那麼兩種生物的差異大小也就沒有限度，它可以由不斷累積的變異性狀的遺傳來解釋。因此，似乎不存在甚麼先驗的論點能排除所有生物擁有共同祖先的可能；這裏的生物指的是具有變異、遺傳和繁殖特性者。

據此類推，我們可以進一步推想：所有的動物和植物都起源於某一原始類型。但是類比也有可能將我們引入歧途。但不管怎樣，所有生物都有許多共性⋯⋯因此，似乎可以由類比推導出這樣一個結論：或許這個地球上曾生存過的所有生物都是由某一最先具有了生命特徵的原始生物體衍生而來的。(O 484)

第四章
自然選擇進化論的證據

正如達爾文所言，《物種起源》是一個很長的論證，不過它遠超出上一章所講述的理論的核心內容。如果核心論點正確，那麼一些結果就應該可以在現實世界中觀察到。如果這些可能出現的結果確能被觀察到，反過來它們又可作為證據來支持論點。《物種起源》用很大的篇幅枚舉了大量事實證據，作為在基本理論框架下可能產生的結果，其中的絕大部分證據都得到了達爾文同時代人的廣泛認可。進化論所涉及的範圍甚廣，達爾文引用的大多數「事實」實際上是歸納出來的一般性結論。與他的後期著作相比，《物種起源》一書論證非常嚴謹。我不同意赫胥黎的觀點，他認為該書是「把大量事實雜糅在一起形成的，而不是通過明晰的邏輯關係組織起來的」。

自然選擇被看作是進化的機理。達爾文的第一個任務是要證明在家養動植物中，一個類似於自然選擇的過程產生了與自然進化相類似的結果。這個過程就是動植物飼養者對變異個體的選擇，不管變異多麼微小，卻投合了他們的喜好。「人工選擇」能培育出符

合飼養者心意的可育變種。換句話說，選擇與適應有關。

> 我們在家養動植物品種中觀察到的最顯著特徵之一就是適應，這種適應並非是為了它們自身的利益，而是契合了人類的需求或喜好……我們不能想像，所有家養動植物品種是突然一下子就變得像我們今天所看到的那樣完美和實用。的確，在許多情況下，其形成歷史不是這樣的。這其中的關鍵在於人類選擇的累積作用：大自然使物種發生持續的變異，而人類則按適合自己需要的方向不斷積累這些變異。(O 29-30)

此外，對某一個物種的家養變種的選擇過程(達爾文最喜歡以鴿子為例)所能產生的變化幅度，遠遠超出了人們通常所理解的物種定義的範圍：一群看起來基本相似的生物。

> 一共大概可以選出不少於20個品種的家鴿，若拿去讓鳥類學家鑒定，並告訴他這些都是野鳥，那他一定會將它們劃為界限分明的不同物種。而且，我想在這種情況下，任何鳥類學家甚至都不會把英國信鴿、短面翻飛鴿、西班牙鴿、巴巴鴿、球胸鴿和扇尾鴿置於相同的屬中；尤其是讓他鑒定的這每一個品種都還有一些純系遺傳亞種或他可能會稱之為不

同物種的變種……但願那些不承認我們的許多家養品種都源於同一親種……的博物學家，當他們嘲笑自然狀態下的物種是其他物種的直系後代這一觀點時，能學得謹慎一些。（O 22，29）

飼養者的有意識干預似乎減弱了該例證的說服力，因此達爾文指出，即使沒有想要改良品種的明確意圖，有選擇的培育也會使其性狀發生改變。此外，隨着家養品種的變化或一些異常變種的出現，選擇的標準可能也會改變。

要不是一隻鴿子的尾巴出現了某種輕微的異常狀態，沒有人會去試圖將它培育成扇尾鴿……不過，我十分肯定，「試圖將它培育成扇尾鴿」這一表述在大多數情況下是根本不正確的。最初選中一隻尾羽稍大一些的鴿子的人，絕對想像不到那隻鴿子的後代會變成甚麼樣子……（O 39）

這段話說明了另外的一個觀點，達爾文後來用它駁斥了針對自己進化理論的一種常見反對意見，即構造完美、適應性強的結構只有當它們完全形成時才會發揮出作用。那麼，它們是如何通過假想的中間環節被選擇出來的呢？在人工選擇的複雜過程中存在一種答案，即從事後看選擇似乎是有目標導向的，而事實上

在中間過渡點上選擇的標準可能是不同的。

　　與家養有關的現象實際上構成了自然選擇原理的一個完整的「實驗性」證據。如果在《物種起源》出版前「品種改良」從未被嘗試過，那麼人類通過有意識地選擇遺傳性變異來塑造生物特性的能力，就會被看作是證明自然選擇原理正確的絕好證據。而事實上，人工選擇的作用已被吸納到了一個不同的觀點中，該觀點視物種不變為當然之事，認為人工選擇可作用於變種階段，但按照物種不變律，選擇作用不會超出這一範圍。經人工選擇後的變種或種類仍然屬親種的成員。

　　由此看來，人工選擇「實驗」在一個關鍵的方面還不夠完善。雖然遠超出一個物種通常概念範圍的外形進化顯然是可以實現的，但是，「實驗」還沒有證明人工選擇能夠產生種間功能差異，人們長期以來一直將這種差異，即種間不育性視作一個附加的關鍵標準。達爾文在《物種起源》中用了整整一章的篇幅來討論雜交和不育問題。他想用大量事例說明，實驗性種間雜交的結果是不可預測的。

　　　　那麼，這些複雜而奇妙的規律是要表明：賦予物種不育性僅僅是為了防止它們在自然界中變得混亂不分嗎？我不這麼認為。因為我們可以假定避免物種混淆對各物種都是同等重要的，那麼為甚麼各種不

同物種之間雜交，所產生的不育程度會有如此大的差別呢？為甚麼同一物種的個體間，不育程度還會是可變的呢？為甚麼一些很容易雜交的物種，其雜交後代卻極難再育；而另一些物種極難雜交成功，但雜交後卻能產生完全可育的雜種呢？為甚麼同樣兩個物種之間互交（例如雄性A與雌性B互交或者相反）的結果常常會有如此大的不同呢？甚至還可以問，為甚麼還允許雜種產生呢？既然賦予物種以生殖雜種的特殊能力，卻為何又要通過不同程度的不育，制止它們進一步繁殖，而且這種不育程度又與雜種親本初始雜交的難易程度並無多大的關係，這似乎是一種奇怪的安排。（O 260）

這樣一來，神創論所認定的物種被創造出來後就保持不變的觀點在大量可觀察到的反證面前變得難以為繼，而達爾文對所觀察到的那些現象也未能完全透徹理解。他認為：兩種生物體互交不育的程度本質上說是偶然的，是物種長期以來適應不同環境過程中產生的總體生理或習性分化的一個偶然結果。達爾文正確地認識到成功繁殖能力是一個很脆弱的特性，容易受到生殖系統生理變化的影響。隨着物種不斷趨異分化，進化變化在影響生物體其他器官的同時也會間接影響生殖系統的整個機制，使之發生微妙改變。很明顯，一個物種的雄性和雌性生殖系統在選擇作用下會

保持完全適配，但選擇作用卻沒有明確的理由要去維持兩個不同物種的雄性和雌性生殖系統的適配性。由於它們彼此獨立地進化，它們的生殖系統會越來越不相容。那麼為甚麼一個物種的家養變種，無論外表變異多大，在一起卻總能繁殖呢？達爾文在這個問題上遇到了困難，在《物種起源》出版後，他的朋友以及他的批評者們不斷地向他提出這個問題。他的回答是：家養繁殖中的人工選擇僅適用於「外在」特徵，育種者不能通過培育產生「生殖系統的深層功能性差異」，而這種差異被認為是造成野生物種種間不育的原因。人工選擇是快速的、表面的，而自然選擇卻是緩慢的、深層次的。

這個論點部分正確，但沒擊中要害。達爾文在討論雜種不育時出現的問題是：他沒能看到雜種不育本身也可以是通過自然選擇演化的一個特徵，因為「一個個體若與別的變種交配質量不高而很少留下後代，這對它來講並不會有任何直接的好處」。因此，他只好把雜種不育看作是由於其他變化造成的偶然生理結果。這個問題的解決仍要從生殖隔離現象中找尋答案。正如在第三章中所討論的，同一物種兩個變種的適應性分化會受到性繁殖「平均化」效應的限制。如果地理障礙阻擋了兩個變種間的交配，那麼適應性分化就會進展得更深更快。然而，如果地理障礙只是暫時的，兩個快速分化的變種再次被放在一起，持續雜

交的能力實際上可能會成為一種劣勢，因為一般來說，雜交後代不能很好地適應其親體的生態位。這種情況下，選擇作用有利於那些與各自變種內成員交配的個體。結果，被達爾文稱為「自然厭惡」的「對動物雜交行為的厭惡」，像任何其他適應性特徵一樣無疑會得以演化。類似的生理隔離在植物變種的生殖系統中也會得到演化。

奇怪的是達爾文沒有將這一論點進一步深化發展，但這與他沒把生殖隔離作為變種形成物種的必要條件如出一轍。達爾文推翻了上帝賦予種間不育的說法，但這也因此成了一把雙刃劍。他可以利用這個證據，即物種能夠經常地雜交，即使其不很穩定，來駁斥傳統意義上定義物種時的「功能」標準。但由於沒有看到生殖隔離在成種過程中的重要性，他對不同物種一般不雜交的事實的解釋缺乏說服力，還得出了不必要的結論：不能或排斥與遠親成功交配的特性肯定是普遍適用的自然選擇作用過程中出現的一個例外。

家養和雜交的事實使達爾文放棄了定義物種時的形態或功能標準。然後他就選擇採納了最極端的相反觀點，基本上與50年前拉馬克的觀點相一致：

可以看出，為了論述方便，我很隨意地用物種這個術語來指一類彼此非常相似的個體；而用變種來指那些更容易變化而差異又不那麼顯著的類型。其

實，物種和變種並沒有根本的區別。同樣，也是為了方便，變種這個術語，與「小的個體差異」比起來，使用上也比較隨意。(O 52)

進化中的一群個體之所以看起來與其他生物明顯不同而成為一個物種僅僅是由於它們被放在了一個極短的時間框架裏來觀察這一偶然原因。而它真正的大背景應是它過去的歷史和今後的命運，它們是生物體前後延續的整體結構的一部分。在達爾文看來，如此給物種重新定義會在科學界引起極大的爭議，當時的科學界大多認為物種是本質上永恆不變的存在體。今天我們可以清楚地看到其缺陷，它完全忽視了野生物種間真正的繁殖不連續性，這正是隔離和分化演變的基礎根源。

通過對自然界的實驗性干預，馴養和雜交生育的成功為進化論提供了證據，反駁了物種不變論。不過正是有了達爾文對可直接觀察到的野生自然界的那些事實的解釋才最終使進化論得勝。在地質學、地理學、分類學和胚胎學四個主要研究領域裏，已有的資料和發現已引起神創論擁護者的關注，他們對自己的觀點進行了針對性的辯護。達爾文就把自己的觀點與神創論觀點二者的解釋力進行了比較，辯證地論證了自然選擇進化學說。

在地質學方面，進化論能夠解釋給予神創論觀點

沉重打擊的兩個公認的事實。第一，正常情況下進化一定是緩慢的。經歷了世世代代的漫長時間而高度進化的複雜生物體的存在能夠證明該結論是正確的，因為選擇發生作用的最短時間間隔是一個世代。不能想像一頭大象在30–60年的一代時間裏就能迅速進化。世代的遺傳變異顯然說明世界一定是古老的，正如地質學所明確宣稱的那樣，它確實是難以置信地古老。第二，世代的遺傳變異同樣明確要求化石從整體上說應該不同於現生的生物，而化石記錄的確證實了這一點。

達爾文沒有用過多的篇幅闡述這些基本觀點，人們長期以來早已瞭解了它們作為進化生物學證據的價值。他主要關注的是如何駁斥針對這些證據的明白闡釋而提出的那些反對意見。古老而奇特的地質化石證據與神創論的聖經故事之間的主要妥協是基於如下事實：含化石的沉積岩上下按層序排列，地層之間有明顯的間斷。每個地層中的化石大致上體現該地層的特徵，特別是在較古老的岩層中，化石的間斷情形的確非常明顯。大的生物類群(如菊石或恐龍)幾乎是整個地突然出現或消失。最明顯的是：在最古老的地層中，已經能夠發現非常高等的生物，如魚類。對神創論者而言，這些間斷說明了自然秩序遭受了類似諾亞洪水事件的災難性破壞。原先創造出的整個秩序被一掃而光，代之以新體系。生命的中間過渡類型在哪裏呢？

均變論地質學沒有涉及災變問題，而達爾文對神

創論也不予考慮。他的方法是抨擊地球的地質史是完整的這一說法，並推測含化石岩層的間斷只是地質記錄裏的一個空白。地球表面只有極小一部分受到過地質勘查，而且幾乎沒有一個地方被完整徹底地勘探過，因為每年都有全新的化石被發現。此外，化石的保存還要取決於許多有利環境條件的共同作用。含化石的沉積層只能在緩慢的陸地下沉期間堆積而成。其他時候，這些沉積物會由於侵蝕作用再次被剝蝕掉。從全球的角度看，沉降是一個局部事件。因此沉積層不可能是完整記錄，除非知曉了它的全部歷史，但在地質和氣候變化的共同作用下，這一點根本就無法做到。既然生物顯示出了對其環境持續不斷的適應，那麼，表明在漫長歲月裏發生過環境變化的地質間斷，也應該有化石記錄的間斷與之相呼應。

災變論需要有災難的同時發生作為依據。災變發生時全球生物都被一掃而光，一個新的生物世界被創造出來替代舊有的世界。巨大間斷現象的存在使災變觀點變得很有影響力。眾所周知，某個地質時期之初會有大量的新生物種突然出現，而在另一個地質時期之末，先前存在的許多生物又會突然滅絕。達爾文從三方面對創造論所倚重的這最後一條地質學論據進行了批駁。首先，他重申地質間斷意味着時間過渡和環境變化。其次，儘管所顯示的生物間斷常常會很巨大，但它們通常都不是完整記錄。隨着地質學研究的

深入，這種間斷的鮮明斷層會趨向緩和，不再那麼明顯。最後，他用了一個純粹「達爾文式」的理由來解釋為甚麼大的植物或動物類群似乎會突然地出現：

> 某種生物要適應一種特別新奇的生活方式，例如要適應空中飛翔的生活，可能需要經歷一系列漫長的時期。可是這種適應一旦成功，並且有少數的物種由於獲得了這種適應性就比別的物種有了較大的生存優勢，那麼許多新的變異類型在相對較短的時間內就會被繁殖出來，並迅速地傳播，遍及全世界。（O 303）

如此一來，達爾文就可以輕鬆地解讀化石記錄，好像它是一本進化書，不僅可以找到進化的清晰證據，而且許多證據很容易用自然選擇進化論來解釋。首先，演化的速度明顯是有差異的：有些生物，如海洋生物，從已知最早的化石記錄到現在，基本保持未變；而另一些生物，特別是陸生生物，變化很快。然而，不管大小，變化是永恆的規律。為甚麼進化的速度要有所不同？類似飛翔這類新能力的進化完成後隨之而來的快速變化問題，上文已作了解釋。但達爾文現在對整個問題作了更綜合的闡釋。

> 我相信發展並無固定的規律……進化的過程一定極

其緩慢，每個物種的變異都是獨立的。至於這樣的變異是否會被自然選擇所利用，以及這些變異有多少能被積累保留下來……卻要取決於許多複雜的偶然因素——變異是否對生物有利、雜交繁育的能力、繁殖的速度以及當地自然地理條件的緩慢變化，更要取決於群落中和這個變異物種相競爭的其他生物的特性。所以，某些物種保持原態的時間能比其他物種長得多，或者即使有變化，改變的程度也較其他物種小，這是毫不奇怪的。(O 314)

絕滅現象是化石記錄最明顯的特徵之一，達爾文不僅把它看作是進化作用而且也是自然選擇作用的最有力證據。

自然選擇學說是基於下列認識基礎上的：每個新的變種，即最終每個新的物種，之所以能繁殖和延續下來，是因為它比其競爭者擁有某些優勢；而居於劣勢的物種隨後的絕滅，似乎是必然發生的結果……因此，新生物種的出現和舊物種的消失……是密切相關的……然而，那些被改良物種所取代的物種，不管是屬同綱還是異綱，總還有少數一些可以存續很長一段時間，或因為它們適應了某種特殊的生活方式，或因為它們生活在遙遠且孤立的地區而避開了激烈的生存鬥爭……我們不必為物種的絕

滅感到驚異，如果真要驚異的話，還是對我們憑一時的臆想就自以為弄明白了物種生存所依賴的各種複雜、偶然因素而感到驚異吧！（O 320–322）

絕滅生物要麼可能代表「連接化石」，是現生種群已滅絕的祖先；要麼可能是沒有留下後代的絕滅種類。總的來說，正是這些「連接」化石引起了達爾文的極大關注，因為進化理論明確暗示了它們的存在而神創論沒有提出任何補充論點對它加以解釋。即使在19世紀中期，當時的已知化石也能立即顯示存在着中間連接類型。地質研究的一個指導原則就是：兩個地層在沉積序列中靠得越近，它們所含的化石就越相似。無論所研究的化石年代是相對較新還是很古老，無論是兩個化石層還是某個化石層與現代生物相比較，這一原則都同樣適用，總的要點是生物之間的相似程度這一分類指導原則可以在時間跨度裏「縱向」擴展應用，就像它可以被「橫向」地應用於現存物種的比較一樣。絕滅物種和現存物種

都同屬一個宏大的自然體系，生物的遺傳之道立刻就可以解釋這一事實。根據一般規律，愈是古老的物種，它與現存物種之間的差異也就愈大。但是，正像巴克蘭（Buckland）在很久以前所講的那樣，所有的化石不是能歸到現存類群裏，就是可歸到現存

類群之間的類群裏去。絕滅的生物類型，可以幫助填充現存的屬、科、目之間的巨大空當，這是毋庸置疑的。假如我們只關注現存的或滅絕的物種，所得出的生物系列的完善程度就遠不如將兩者結合在一個系統裏時高。（O 329）

隨着19世紀化石記錄越來越多，處於不同時期的相同物種之間或現今仍都存在但構造有所不同的物種之間或大或小的區別趨向「消匿」。但化石記錄的不完整性極大地降低了可能發現某種與它所分化出的兩種生物明確相連的特定生物的幾率。

最引人關注的化石缺環之一在1859年時仍沒有被找到。1861年，德國一古老岩層中發現了始祖鳥化石，正如人們所期待的那樣，它立即被確認是絕滅恐龍和現代鳥類之間真正的過渡類型。在《物種起源》後來的版本裏，達爾文不失時機地引用了始祖鳥的材料，不過其基本觀點已經非常明確，不會因一種新化石的發現而受到影響。

連續地層中的生物間會呈現密切相似性的一個特殊例子是：在某個特定地區發現的近代化石與那裏的現存物種非常相像。這種特殊案例在達爾文的進化論中具有特殊地位。

當我以博物學者的身份登上「比格爾號」皇家艦艇

遊歷世界時，在南美洲觀察到的有關生物地理分佈以及那裏的現代生物和古生物之間地質關係的一些事實，使我深受震動。（O1）

樹獺和犰狳是非常奇特的、具有典型南美特色的哺乳動物。達爾文在比較新的沉積岩中發現了顯然也屬這些類群的巨大滅絕動物的骨骼化石。為甚麼神奇的創造力量曾在南美造就了樹獺和犰狳，而後又在同一地區而沒在別的地方創造出與其密切相關的類型呢？為甚麼這樣一種造物力量在澳大利亞也有類似的作為：那兒的洞穴裏發現的絕滅哺乳動物骨骼化石與澳大利亞現存的奇特哺乳動物同樣有着密切的聯繫？這樣的相關性可以用遺傳進化理論來解釋。較近的祖先往往比遠古的祖先距離後代的地理位置更近，因為一個物種佔據的地理位置取決於當時的主要環境條件。隨着不同地質時代裏環境的變化，物種的分佈範圍將發生相應改變。

達爾文從賴爾的地質學裏瞭解到了漫長時間裏的地質運動概念，於是他推導出一個相應的空間運動概念。共同祖先的時代越近，其分支類型在空間分佈上相距越近。由此，進化論作出了這樣的預測：不管環境條件如何，屬某一特別類群的物種，地理位置越靠近的，相似性就越大。而神創論則認為，不管地理位置如何，環境越相似，生物應該彼此越相像。

這有可能成為進化論的一個潛在證據來源，對此達爾文首先將注意力集中於大陸板塊上觀察到的現象與預料結果總體相吻合這一點上。

在談到地球表面生物的分佈時，第一個使我們驚奇的重要事實就是，各地生物的相似與否無法從氣候和其他自然地理條件方面得到圓滿的解釋……凡是歐洲有的氣候和自然地理條件，相應地在美洲幾乎都能找到……然而這種環境上的相似性並沒有得到呼應……兩地生物的相互差異是多麼地巨大！（O 346–347）

其次，相似性似乎不是單純以水平距離來劃界的，而是也取決於是否有進化和分化中的生物類群難以逾越的障礙存在。換句話說，地理上的隔離越巨大，生物體的平均差異就越大。顯然，大陸板塊的分隔就是一個恰當的例子，廣闊的水域形成了地理上的隔離。但從較小的範圍來講，甚至在一個大陸上，較小的障礙似乎也與相應的差異性有關係。

在巍峨連綿的山脈、大漠甚至是大河兩邊，我們可找到不同的生物……再看看海洋的情況，也可以發現同樣的規律。中南美洲東西兩岸的海洋生物差異非常巨大，甚至很少見到相同的魚類、貝類或蟹

類。而這些大的動物群只不過是被狹窄卻不可逾越的巴拿馬地峽所阻隔。（O 347–348）

最後一點，每個大的地理單元不僅有其特色物種，而且，每個地理單元內的同系物種之間，較其與別的地理單元中的同類成員之間，關係更近。新舊大陸上都有猴子，但新大陸的猴子之間比其與任何舊大陸的猴子更相像。

從以上這些事實中，我們可以看出：有某種深層生物聯系存在於時空中，存在於同一地區的陸地和海洋中，而與地理條件無關……這種聯繫，用我的理論來解釋，就是遺傳。正如我們所確切知道的，單是遺傳這一個因素，就足以形成十分相似的生物，或者是彼此十分相像的變種。（O 350）

然而，如果相對的相似性意味着它們有共同的祖先，那麼巨大地理障礙的兩邊出現類似的生物，則意味着一些生物個體在某些時候肯定是能夠越過這些障礙的。

達爾文認為大陸板塊長久以來一直是以它們目前的形態存在着。而在20世紀我們已逐漸認識到：在遠古的地質時代，各大陸是連接在一起的，後來由於「大陸漂移」才分離形成現在的樣子。事實上，大陸漂移學說確實解釋了某些古老生物群的地理分佈狀

況。但達爾文當時更關注距現在較近的那些演化時期。這樣一來，他必須要證明還存在着其他可能的傳播方式，使得生物能夠在隔離的地區之間通行。

他通過實驗確定陸上植物的種子經過長期的鹽水浸泡後仍能存活，由此他可以推測一粒能生長發育的種子可以隨洋流漂出多遠。他援引了許多例證：沿河漂流的樹樁上沾的土、鳥爪上沾的泥、鳥的嗉囊裏攜帶的種子、冰山挾帶泥土和其他陸上物質的遠距離漂移等等。他還說明了陸上動物如何能夠在鹽水的浸泡裏存活下來，比如蝸牛會在殼口處形成一層硬質的保護隔膜。淡水動物的擴散成為了一個特殊難題，但達爾文的實驗也得出了他所需要的原理。他證明剛孵化出的淡水蝸牛能牢固地附着在鴨爪上存活「12到20小時；這樣長的一段時間裏，一隻野鴨或蒼鷺至少可以飛行六七百英里並降落在一個池塘或小河裏，若是遇到順風飛越海洋，則會到達一個海島或是其他某個遙遠的地方」（O 385）。

沒有甚麼地方比海島更能驗證物種的傳播、隔離以及選擇。加拉帕戈斯群島上的生物如此奇特而富有啟示性，以至於達爾文在《航海日誌》中描述它們時幾乎難以掩飾他的進化論觀點。在加拉帕戈斯群島上，「無論從時間還是從空間而論，我們似乎都接近了一個重大的事實 —— 新的生物在這塊土地上是首次出現」（J378）。這一點甚為重要。從地質學角度看，

加拉帕戈斯群島很明顯是年代相對較近的火山活動的產物，然而，這些島嶼上卻擁有許多這裏特有的動植物種類，甚至一些物種是某個海島所獨有的。由於達爾文把不同島上收集的一種鳥，即現在人們所熟知的「達爾文雀鳥」的所有標本混在了一起，他並未意識到這樣的海島成種現象有多普遍。加拉帕戈斯群島上棲居着許多獨特的物種這個說法並不準確：這些獨特物種顯然與達爾文在距此以東600英里處的最近大陸 —— 南美洲次大陸上看到過的一些知名物種有密切關聯。最後一點：各種動植物在島上的呈現也很奇特。例如：島上沒有哺乳動物，沒有樹。正常情況下這些缺失種類應該佔據的空間卻被奇異的動植物變種多多少少地填充了，而後者在大陸上親緣最近的種群卻過着全然不同的生活。類似的奇特現象也出現在其他海島上，如夏威夷的蕨類植物長成了樹；而在毛里求斯和新西蘭，不會飛翔的巨鳥在罕有哺乳動物的地上吃草。

島上生物的奇異特徵創造論根本無法給出一個合理的解釋，而海島的這種孤立情形似乎正需要有創造力量來發揮作用。另一方面，進化論則認為海島上的棲息物種最初肯定來自別的地方。在達爾文看來，海島上展示的似乎正是天然的進化實驗的典型結果。如果最初的生物是從鄰近大陸上隨意挑選出來的，再經過偶然傳播加以選擇，得以移居到一片未被其他生物

佔據的土地上，又經過一定地質時期的演化，那麼島上所有的奇異反常現象就能解釋得通了。對達爾文的論證而言，海島的一大優點在於它們簡化了生物與其環境之間的關係。在一片生長着各種生物的陸地上，某一群生物的進化命運基本上是無法預測的，因為生物之間的相互關係錯綜複雜。而在海島上，因為棲息者數量少，有充裕的空生態位，競爭壓力比陸地上顯然要小許多。因此，對一個相對簡單而能繁殖的環境來說，生物對其的適應這一共同問題在每個海島上的表現都會稍有不同。從一定程度上說，海島生物的進化是可以確定的，它的持續時間已知，進化方向可以預測。

動植物在時空中的分佈當然是達爾文用來支持其進化論普遍原則的最有力證據。大量事實證據都能夠被納入到一個令人滿意的單一理論框架中去，這是任何創造論觀點所無法做到的。在解決物種分類問題時，達爾文的進化論同樣具有極強的解釋力。為甚麼所有的生物會「在不同的程度上有些相像，因此可以根據相似程度的大小劃分成不同的群，而且群下有群」？(O 411)

自然分類系統的古老概念意味着：如果「真正」的相似點和區別點能被確定出來，那麼所有動植物就都可以被歸入相應的位置。按照這種觀點，分類不是隨意的，而是預先規定好的。由於動植物的種類多種

多樣，呈現出許多相似點或不同點，着重點不同會導致歸類方面的矛盾，因此探索自然系統的目的之一便是努力發現那些具有「分類價值」的關鍵點或單獨的區別性特徵，由此可建立一個明確的分類樹，最終指向各個物種。這種分類通常是成功的，現在仍是很實用的分類基礎。達爾文卻抨擊這一傳統理論，他不認為具有很高分類價值的性狀能夠被確定，就好像這些性狀是獨立於分類單元而真實存在似的。如果生物因遺傳而彼此關聯，那麼一個具有分類價值的性狀也只是一個性狀，在選擇作用下它的改變並不會那麼明顯以至於遺傳下來的相似性會丟失。

既然分類法通常行之有效，也就出於方便而設了分類階元：種、屬、科、目和綱，這些高低層次本身並不反映現存生物界的任何實質性情況，雖然分類學家們渴望做到這一點。分類層級只能根據已有的知識狀況以最簡便的方式來設置和界定。

因此，儘管自然界有明顯的分類秩序，但所有試圖用一個與那些需要界定的生物比起來更嚴密而客觀的體系來定義自然界的努力註定要失敗。造物主的自然系統最終變成了一個描述性的過程，其僅有的分析內容是對此中包含的類群的定義。然而，自然類群是顯然存在的且按層級排列的。進化論則直接預言類群有層級的排列是由共同祖先依次分化、不斷演變的結果，其間伴有絕滅現象。它預言了這種排列，同時附

圖5　達爾文着迷於海島研究。由近代火山形成的加拉帕戈斯群島上的植物群和動物群為達爾文的進化觀點提供了一些啟示。那裏有許多不同尋常的物種，但都與當地大陸上的物種相關聯：即使在單個島嶼上都有獨特的物種。「無論從時間還是從空間而論，我們似乎都接近了一個重大事實——新的生物在這片土地上是首次出現。」當達爾文到來時，那裏還有巨型龜。但後來大多數龜就被捕鯨者用棍棒打死了，他們把加拉帕戈斯群島當作一個歇腳點。

帶預言了想進行任何非隨意性定義所面臨的困難。主要生物類群不斷分化出大量的亞類群。早期和中間過渡類型的絕滅使得各類群之間因巨大差異而明顯區分開來，此差異程度是現存種類與共同祖先之間的漫長時間間隔以及分化速度發生作用的結果。既然變種分化會不斷產生新物種，那麼試圖給物種本身下一個絕對定義肯定是行不通的。

在探尋有絕對分類價值的性狀過程中，也發現了一些很有價值的規律。各器官，即結構組織之間的關係，比與功能相關聯的結構在一般情況下能提供更多有用信息：適應了相似生活方式的兩種生物必定表現出類似的性狀。鳥類、蝙蝠和昆蟲都會飛，都有翅膀，但作為一種分類性狀，這種「可類比的」相似性顯然沒有用處。然而，從更深的結構組織層次上看，鳥類、爬行動物和哺乳動物的前肢在解剖特徵上相似，因而儘管功能各異，但構成這些前肢的骨頭被冠以同樣的名稱是可能的，也是多多少少可行的。這種結構上的相似關係，即「同源」結構，在胚胎或幼體階段表現得特別明顯，以至於瑞士籍美國解剖學家路易斯·阿加西斯(Louis Agassiz, 1807–1873)「之前忘記了在某種脊椎動物胚胎上貼標籤……現在無法分清它是哺乳動物、鳥類還是爬行動物的胚胎」。胚胎特徵似乎比其成體形態在確定生物分類位置時價值更大，因為成體形態可能會因適應某些偶然出現的異常環境

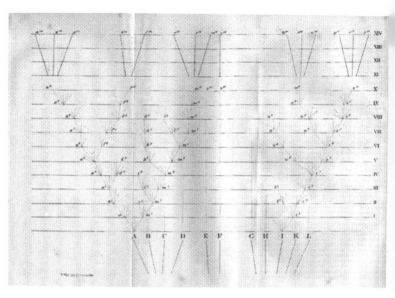

圖6　第三章自然選擇學說示意圖的最終版本，也是《物種起源》中的唯一插圖。該圖描述了古代世系A–L從古（底部）到今（頂端）的演化。在每個階段（羅馬數字所示），一個物種要麼保持不變，要麼分化成新種，或者走向絕滅。注意：所有現代種類都起源於世系A和 I，只有F例外，它把基本未變的形態遺傳至今，成為「活化石」，其他世系都已絕滅。

而發生了很大變化。達爾文研究的藤壺在成年期變得如此特化，以至於在其變化沒那麼大、明顯屬甲殼類的幼蟲被識別出來之前，根本看不出它是甲殼類動物。為甚麼會是這樣？如果生物是被分別獨立創造出來的，為甚麼在早期發育階段不像其後來那樣個體特徵鮮明而獨特呢？達爾文把同源性和胚胎間的極大相似性看作是由進化進一步推測出的結果，因為可以區分任何兩個同系物種的結構差異一定是由一個先前存在的物種經過一系列微小的變化而形成的。生物不斷地適應環境，一個複雜且充滿競爭的環境只允許現有結構發生微小的變化。正如達爾文所認識到的，儘管引起適應性結構或習性發生輕微調整的構造變異貫穿個體的整個發育過程，但它表現得並不是十分明顯，一直到了相關的階段才會有所顯現。對於像哺乳動物這樣的生物而言，它們的早期發育階段大多不會受到太多環境變化的影響，適應性變化主要累積發生在成體階段，而在更早的發育階段雖然會有但很不明顯。

　　然而，如果選擇有助於生物在早期發育階段作出針對外界環境的高度適應性變異，那麼這個變異的發生基本上是沒有障礙的。正如達爾文所指出的，許多生物的幼蟲階段在功能構造上完全不同於成體階段，它們在該物種的生命過程中起着完全不同的作用，毛蟲和蝴蝶就是很好的例證。除了最普通意義上的發育，讓達爾文不解的是，發育是一個複雜的相互作用

過程，對變異有着強烈的抵制，就像一個物種對其環境的適應既複雜又相互作用，一般情況下不能承受劇烈變化。因此，一個新的變異要經受選擇作用的考驗，不僅體現在它對成體結構的影響方面，甚至更體現在其保證胚胎有序發育的能力方面。由於胚胎生命形式的發育過程是依次進行的，變異在胚胎生命中發生得越早，則它對發育的影響就越強。因此胚胎在本質上是保守的，其發育模式在龐大的生物類群內會高度一致。同源現象或相似結構則反映了這種保守性，所以達爾文認為同源相似性說明了共同祖先的存在，這無疑是正確的。

雖然《物種起源》的主要觀點很容易表述，但這樣的概述並不能展現其整個內容的智慧精華。在達爾文之前生物樹狀排列的概念已普遍流行，達爾文發展了這一比喻：用譜系概念來說明由歷時遺傳的紐帶聯結在一起的生物變異和絕滅之間的關係，這一發展將可以概括《物種起源》的主要結論：

> 同一綱內所有生物間的親緣關係，有時可以用一棵大樹來表示。我認為這個比喻可基本反映實際情況。綠色的發芽小枝可以代表現存的物種；此前每年長出的那些枝條相當於長期以來相繼絕滅的物種。每一生長期內，所有發育的枝條都竭力向各個方向生長延伸，去遮蓋周圍的枝條並致使它們枯

萎，這就像物種和種群在更大規模的生存鬥爭中竭力去征服其他物種的情形是一樣的。當大樹還只是一棵小樹時，現在的主枝曾是生芽的小枝，後來主枝分出大枝，大枝再分出更小一些的枝，這種由分枝的枝條聯繫起來的舊芽和新芽的關係，可以很好地代表所有已滅絕的和現存的物種在隸屬類群中的分類關係。當大樹還十分矮小時，它有許多茂盛的小枝條，其中只有兩三枝長成了主枝幹，它們得以存活下來並支撐着其他的枝條；物種的情況也是如此，那些久遠的地質年代裏生存的物種中，到現在仍有活着的變異後代的，確實寥寥無幾。從小樹開始生長時起，許多主枝、大枝都已經枯朽而且脫落了；這些枯死了的、大小不等的枝條，可以代表現今沒有遺留下存活的後代、而僅有化石可以考證的滅絕物種的整個目、科和屬。正如我們時常所看到的那樣，一根細小而無序的枝條從大樹根部蔓生出來，並且由於某種有利條件的存在，至今枝端還活着，這就像我們偶然看到的如鴨嘴獸或肺魚之類的動物一樣，它們通過親緣關係，以微弱的關聯把兩支大的生物分支聯繫起來。顯然，它們是由於生活在受庇護的場所，才得以避開激烈的生存鬥爭存活下來。一些枝芽生長後又會冒出新芽，這些新芽如果健壯，就會抽出枝條遮蓋和壓倒四周許多較弱的枝條。所以我認為，代代相傳的巨大生命之樹也是

如此，它用枯枝落葉去填充地殼，而用不斷新長出的美麗枝條去覆蓋大地。(O 129–130)

第五章
性、變異和遺傳

　　達爾文從1837年起就非常確信有性繁殖或異體受精在進化論中佔有重要地位。關於有性繁殖過程他得出了兩個重要結論。第一，有性繁殖不同於其他繁殖模式，諸如原始生物的簡單分裂，或許多植物和較低等動物的芽殖，它實際上是個體變異的前提。有性繁殖產生的後代，無論差異多麼微小，總與親代不同，而無性繁殖幾乎總是只產生複製品。其次，有性繁殖不同於其他繁殖機理，它是動植物的一個普遍屬性。

　　在達爾文的筆記裏可以看出這兩個結論是有關進化過程的一個推理論證的組成部分。變異是自然選擇進化的必要條件，而有性繁殖是變異的必要條件，因此有性繁殖也是自然選擇進化的必要條件。既然只有那些能進化的生物得以存留，因此所有生物必須參與有性繁殖。

　　這一論證在《物種起源》裏並沒有深入到這一步，或許部分原因是達爾文未弄明白為甚麼變異與有性繁殖相關。此外，有性繁殖的另一個看似與此矛盾對立的特性是：它有助於保持物種的統一性和穩定

性。有性繁殖使得個體變異在雜交群體中分散開來，確保物種能夠保持相對穩定，同時仍以適當的速率進化着，以便適應個體自然發展和地質變化的緩慢過程。達爾文把進化看作是一個過程，它影響構造相似但並不完全相同的一群個體：嚴格講，發生進化的不是個體而是種群。沒有性的話，「有多少個體，就有多少物種」。

除了認識到有性繁殖在進化中起某種關鍵作用，達爾文對有性生殖生物學的貢獻也是極其卓越的。並不難看出有性繁殖這一問題為何如此重要，因為繁殖過程是聯繫所有生物的紐帶。但對達爾文來講，有性生殖生物學的另外一方面有重要論辯價值。創造論者可以用目的論來解釋動植物成體系有序存在的大多數現象，並且同理亦可解釋性器官和性行為。但達爾文提出了一個更基本的問題：有性繁殖的目的是甚麼？既然還有其他可能的繁殖方式，為甚麼有性繁殖成為了普遍的繁殖方式？唯一的答案似乎是有性繁殖的目的是為了進化。

達爾文深信由於某種原因，有性繁殖確是進化的一個必要條件，於是他研究了雌雄同體現象，希望能夠發現自體受精即使有機會也絕不會排除異體受精。儘管大多數植物和許多低等動物功能上是雌雄同體的，但是當機會來臨時，它們幾乎都表現出了對異體受精的適應性。在一系列重要著作中，達爾文探索了

開花植物的性機理演化問題。達爾文比任何人更有資格得出現在看來是顯而易見的結論：花朵是確保植物能通過昆蟲實現異體受精的構造。達爾文詳細分析了蘭花對昆蟲授粉所作出的驚人的適應，發現了能證明異體受精對生物普遍具有重要意義的鮮活證據。

> 最後，如果我們考慮到植物的花粉是多麼寶貴，還有我們如何精心地呵護蘭花以及與蘭花相關的附屬器官……自體受精比起昆蟲在花間傳遞花粉本來會安全和容易得多……可以毫不誇張地說：大自然是要明確告訴我們：她痛恨永久的自體受精。（F 293）

為了解釋異體受精的必要性，達爾文開始了長期的系列實驗，研究異體和自體受精對植物的影響。他發現自體受精經常會產生一些缺乏活力、顆粒偏小、繁殖能力低下的種子。許多顯然可以進行自體受精的植物，卻完全是自體不育的。他發現在某些情況下，如常見的櫻草花等物種從結構上可區分為不同類群，相互間能夠自由地異體受精，然而在一個類群內則幾乎甚至是完全不育。事實上，達爾文很難解釋這些現象的因果關係。表面上看，由於自體受精會產生明顯不利的結果，異體受精得以演化似乎合乎情理，達爾文的確在好幾處都提到這個觀點，但他顯然也意識到自體受精和異體受精可能有一個共同原因，他隱約認識

到這個共同的「最終原因」可以解釋有性繁殖這一普遍現象。

現代進化研究仍然很難解決性機理進化的問題。達爾文沒有解決而是提出了這個基本難題，該問題直到現在仍未得到解決，即怎樣協調這兩種現象：通過自體受精或通過單性生殖等某種無性過程繁殖後代，對個體當下明顯有利，但實際情況卻是這一優勢幾乎總是會讓位於有性繁殖過程而不能發揮出來。

自然選擇進化論認為：機體結構的各個細節要受到適應性的檢驗，適應性唯一的檢驗標準是看繁殖是否成功。因此，繁殖本身直接成為了目的。認識到這一點，達爾文也意識到了雌雄異體動物物種結構分化的重要性，這些結構的功能似乎僅限於成功交配，而不受其他選擇壓力的影響。擁有這些結構的動物「雌雄兩體一般有相同的生活習性，但在身體構造、顏色或裝飾上有所不同……」（O 89）。依據自然選擇的觀點，在雌雄異體的物種中，唯一必要的雌雄差異是那些與繁殖過程本身的需要直接相關的差異。然而，許多動物的雌雄差別顯然遠遠超出這一最低基本限度。達爾文用「性選擇」來解釋這種現象：「這並不取決於生存鬥爭的需要，而是取決於同一物種的雄性間為了獲得雌性配偶而發生的鬥爭。這種鬥爭的結果，不會讓戰敗的一方死掉，而會使其少留或不留後代」（O 88）。因為「在世代遺傳中，一些雄性個體就獲得了一

些微弱優勢，擁有了稍優越於其他雄性的攻擊武器、防禦手段或魅力等，它們將這些優勢遺傳給它們的雄性後代，性差異也就產生了」（O 89–90）。

性選擇影響結構或習性，這個例證是對人工選擇這一論據的補充。在人工選擇中，人是選擇者，而自然選擇中，「優勢條件」起選擇作用。在性選擇中，僅雄性或雌性作出選擇。這也是達爾文在《物種起源》中反復強調的可以證明下述原理的極端例子：決定生存鬥爭結果的因素中，生物之間的相互關係比外界的自然條件更重要。既然異性的成員構成了環境中影響進化的最重要資源，那麼生殖競爭應該極具影響力。

性選擇是一個有特殊意義的現象，因為性徵是適應的一種特殊類型，它涉及進化過程本身。既然選擇作用只能通過繁殖成功或失敗作用於個體和物種，那麼性表現的各方面都要接受嚴格的選擇。根據某種明顯的外在條件，例如食肉動物應具有牙齒和爪子，並不一定能預測這種選擇作用於外觀或習性後的結果。因此創造論者只能辯稱：鮮明的性徵要麼是造物主的創新，要麼就只是為了取悅人類。達爾文不必費心與其直接爭辯，因為性選擇理論在

《物種起源》論戰基本獲勝之後已獲得了全面的發展。但毫無疑問，達爾文堅持認為把一些性狀的存在簡單地看作只是為了美觀而沒有其他原因的觀點，

忽視了這個美觀性狀對同一物種的其他生物所造成的明顯影響。

性選擇的許多現象似乎可以從非人動物對美的欣賞這個角度得到最好的闡釋。如果對美的欣賞能促使動物衍化出性徵方面的裝飾，那麼就可以認為類似的情況也在人類身上發生過。事實上，整個性選擇的論證在達爾文的《人類的由來及性選擇》（1870）一書中佔了巨大篇幅，它也成為了一個更宏大論證所不可缺少的組成部分：即使是人類最獨特的特質也可在其他動物身上找到相似之處。

可遺傳性變異是進化的必要條件。因為生物彼此間存在差異，所以選擇不是隨機的，而變異是可遺傳的，因此生物種群會在代代延續中發生改變。19世紀中期，還沒有科學的變異理論，達爾文不得不去尋找某些可以作為一般規律的結論，倒不一定非要探索出變異的機理或對變異原理進行正式描述。達爾文始終堅持認為變異本身不能作為進化的直接推動力，這或許是他最了不起的成就之一。正是這一主張引發了物理學家約翰·赫謝爾爵士（Sir John Herschel）對《物種起源》的猛烈批評，他將其視為「亂七八糟的法則」：也正是這一主張拒絕承認有任何創造者存在，也否認了進化過程中目的的存在。

達爾文相信變異是由某種原因引起的，而非上帝賦予的，這個信念對其變異觀點產生了巨大影響。進

行有性繁殖的生物不可避免地會發生變異。然而，在其成熟的著作裏，達爾文明確地試圖放棄變異是繁殖過程中所固有的這一觀點，他似乎覺得這是一個不科學的、幾乎是形而上學的觀點。正如本章開始所強調的，他很清楚繁殖和變異存在關聯，但他關於二者關係的看法似乎可以最恰當地表述為：有性繁殖過程使變異的原因變得顯明，但它本身並不是變異的原因。

達爾文的立場與他對待生物界每種現象時所持的堅定的唯物主義世界觀完全一致。如果變異是沒有原因的，那它們就超出了科學研究的範疇；達爾文從來不認為他的哪個公理性結論是不能考證的，即使在某種情況下，允許無原因的變異存在可能會省去好多麻煩。在對遺傳和變異的生理基礎一無所知的情況下，達爾文在對變異進行總結歸納時援引了「外在生存環境」的積極作用作為一種動因。至於他到底是如何看待這種因果關係的，有很多的討論，但很明顯他認為生物環境的異質性，不論差異多麼細微，也是變異產生的一個必要原因：

> 每一種變異都是由變化了的生存環境直接或間接引起的。或者，從另一種角度來說，如果有可能把一個物種代代延續下來的所有個體都放在絕對一致的生存條件下的話，就不會有變異發生。（Ⅴⅱ.255）

這是達爾文大膽作出的為數不多的重要推斷之一，現在證明肯定是錯誤的。可變性是生物的固有特性，儘管它不是無原因的。然而，圍繞達爾文「變化了的環境」這一觀點的關鍵問題是：變化的性質或方向與相應的變異結果之間的關係是否可以預測。如果外在環境的變化有利於適應性變異，也就是說能讓生物更好地適應新的生存環境，那麼，我們就可以說環境和個體發展之間的相互作用是建設性的，它代替自然選擇成為引起適應性變化的主要原因。這種「建設性」變異理論曾是伊拉斯謨・達爾文和拉馬克「哲學」進化論的中心思想。另一種情況是，環境變化只是引發變異，而變異方向卻不可預測。在這種情況下，對偶然的適應性變異的自然選擇是引起適應性變化的原因。毫無疑問，在達爾文看來，當時的證據傾向於表明「環境條件」對變異的影響是不可預測的，並且自然選擇在決定進化方向時起着至關重要的作用。不過，達爾文當然也承認環境對變異有可能產生建設性影響，在《物種起源》後來的版本中，他還增添了一部分新的內容，論述習性和器官的使用與廢棄所產生的遺傳影響。

在後來的著作中，對於變異的本質；達爾文的觀點與以前有了出入，這是因為他急於為遺傳和變異的關係提供一個合理的解釋，遺傳是指生物的性狀從一代傳到下一代，而變異是指在遺傳過程中出現的「差

錯」，而這差錯正如一再強調的那樣，他認為是由環境變化引起的。為了得出環境作用對生物發展的作用與性狀遺傳之間的一個因果關係，達爾文提出了「臨時性的泛生假說」。該假說認為決定向後代遺傳哪些特徵的生物生殖系統的性質是由它從身體組織中提取特有元素(達爾文稱之為胚芽)的能力決定的，每個胚芽都以一種濃縮的或隱蔽的形式代表着原組織與眾不同的特性。發育是親體幹細胞所遺傳給子代的胚芽有序聚集和展現的過程。如果環境能影響發育，比方說，由於頻繁的使用而使某器官變大，那麼由那個器官傳送到生殖系統的胚芽數量或許還有質量會發生相應的變化。因此環境引起的結構變化會趨向於被遺傳下去。達爾文甚至還準備把這個推論擴展到行為方面，因為他認為行為是動物身體結構的外在表現形式，因而與身體結構一樣遵循相同的規律。因此，後天習得的行為能夠得以遺傳，且似乎成為了後代的本能行為。

泛生假說存在許多缺陷。它所援引的支持其論點的大多數「事實」，特別是那些用來說明器官使用與廢棄的遺傳效應的現象，是基於錯誤的觀察；那個時代對受精作用的基本過程普遍都不瞭解，甚至不知道組織是由細胞構成，因而使得泛生論的概念基礎存在明顯缺陷。生殖細胞是生物個體胚芽的「濃縮體」，通過受精過程傳給新的個體，新個體的性狀融合了雙

親的特點。這個新個體體內含有「雜交」胚芽，正是它們控制着雜交個體中間性狀的形成。然而，達爾文清楚地意識到，遺傳的結果並不一定總是雙親性狀的混合，而經常是一方的特性佔據優勢。有時，來自共同祖先、經過許多代分隔後的兩個個體雜交後，明顯的「祖先」特徵會意外地顯現出來。「返祖」現象是達爾文所收集到的、用以支持下面論點的部分證據：即使是那些經過了奇特改良而有了極大差異的家鴿品種也都源自野生岩鴿。儘管達爾文為了解釋這些現象隨即改進了這個假說，但泛生論基本上是一個「混合」遺傳理論，照此理論，個體的新奇變異在與正常個體雜交後趨向消失。這樣一來它就與達爾文的成熟觀點嚴格保持了一致，即認為有性繁殖過程本質上是保守的，有助於維持物種性狀，而不是促進多樣性的持續存在或傳播。

泛生論不能完成達爾文早期思想對變異和遺傳理論提出的任務要求，體現在它的兩個最基本特質上。第一，根據泛生論，變異只能是由於個體對環境刺激作出的適應性反應而引起。其次，它無法解釋雜交品種的性狀不融合或返祖現象。因此，即使依據達爾文自己的標準，這也是一個相當糟糕的假說，連他最堅定的支持者赫胥黎也對此極其不滿。

如果達爾文沒發表泛生論，他的名聲肯定會更好一些。由於似乎排除了變異的偶然性，泛生論削弱了

選擇在適應過程中的建設性作用，從而為許多後達爾文主義者提供了機會，他們企圖將進化視作一個有方向的或已確定好的變化過程，這又讓「偉大設計者」趁機而入。然而，每當達爾文綜合考慮到自然選擇學說時，無論他多麼偏愛他的這個理論(他曾把它稱為「我的愛子」)，他仍贊成變異的偶然性。在泛生假說剛形成時，達爾文用一個比喻完全否定了環境和變異之間積極的相互作用。

> 儘管每一次變異都一定有其令人激動的恰當原因，儘管每一次變異都受到法則的約束，然而我們很少能追尋到其間準確的因果關係。於是我們談到變異時就好像它是自發產生的。我們甚至可以稱它們是偶然發生的。但這僅限於在特定意義上，就如同我們說一塊從高處掉下來的碎石最後會是甚麼形狀完全是由偶然因素決定的一樣。(V ii. 420)

泛生論的重要和獨到之處是它集中闡述了代與代之間物質聯繫的本質。它堅持認為一定存在這樣一種聯繫，其屬性將會使遺傳和變異之間懸而未決的問題之答案變得清晰起來，只有從這種物質角度出發才能解決進化的機制問題。

如今，進化的基本機制問題已大致得到解決，正如達爾文所猜想的那樣，問題的解決來自於對代與代

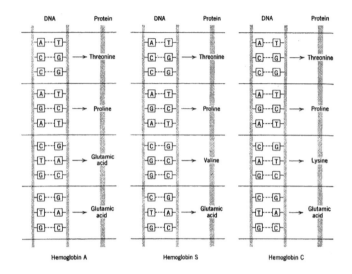

圖7　一種不為人熟悉的DNA雙螺旋結構圖。該圖是克里斯琴·安芬森（Christian Anfinsen）1959年發表的，顯示了編碼血球蛋白的DNA雙鏈的一個小 片段。其中一對核苷的突變使得氨基酸谷氨酸被顯氨酸或賴氨酸取代。這種變化改變了蛋白質功能而導致疾病發生。核苷三聯體密碼與氨基酸之間的聯繫準確但隨意，就像達爾文竭力在其碎石比喻裏描述的變異特性那樣。

之間物質聯繫的研究。基因物質DNA的屬性決定了現在可以把自然選擇進化過程看作是按一定方式排列形成的物質的一種必要屬性。著名的DNA雙螺旋結構在1953年由沃森（Watson）和克里克（Crick）破譯提出，它既可以攜帶遺傳信息，又可以自我複製並高度精確地複製所攜帶的信息，但不一定完全準確。這樣一來，在一種純粹的化學物質裏就包含了達爾文進化機制所需的三個條件：由精確自我複製而產生遺傳、因自我複製而數量倍增以及由於極少數的不準確複製而產生變異。

在此我們並不需要關注基因在生物體中是如何得以準確複製並且發揮作用的。然而，有意思的是，聯繫到達爾文對變異本質的見解，DNA複製錯誤竟恰好準確地呼應了前面引用的碎石比喻。DNA攜帶遺傳信息，是指精子和卵子攜帶的DNA的精確化學結構決定了生物的生長發育方向。然而，與達爾文的胚芽概念不同，DN並不代表濃縮後的發育特徵。DNA僅攜帶發育的化學密碼指令，但密碼形式與它所代表的發育「含義」之間的聯繫卻是很隨意的，正如一個單詞的形式與其意思是隨性地聯繫在一起一樣。如果把單詞裏的一個字母隨意變換一下，單詞的意思就可能發生變化，或者這個新詞可能都沒有意義。DNA也是如此。控制發育過程的密碼指令形式，正如書寫的單詞一樣，在複製時可能會出錯。選擇是通過生物的成功

繁殖來進行，並不直接作用於它的DNA。如果由於密碼指令中的偶然化學變化而形成的DNA變體形式改變了發育過程，使得變異生物在生殖方面更具優勢，那麼新的DNA指令就會逐漸在種群中傳播，替代其處於劣勢的前輩。這可以稱作是進化的基因學觀點，依據這個觀點，生物，即發育過程產生的結果，多多少少都被看作是成功地進行了DNA複製。

因為DNA以化學密碼形式攜帶遺傳信息，如果我們想確定某一變異的原因，考查解碼後的信息，如已經長成的生物結構，是無用的。因為DNA指令和發育過程間是純粹形式化或隨機性的關聯，環境影響可能會改變發育結果，但卻無法以任何可預測的、與環境適應相關的方式改變DNA密碼指令。現在還沒有甚麼已知的或能想像出來的化學途徑，能讓生物與環境的相互作用對生長發育產生的結果通過這個途徑引起DNA密碼指令發生建設性的，即適應性的變化。

達爾文不能找到變異起源準確的因果關係，這一點不足為奇。通過解碼系統把基因信息與發育過程分開，這使得變異確實像是「自發」或「偶然」出現的，而與任何明顯的誘因不相干。由於DNA的化學不穩定性而造成的遺傳性變異，必定是發生在對其能否完全適應生殖活動的驗證之前。生物生存的環境在進化中只起純粹的選擇作用。如果它看似具有建設性，

那僅僅是因為它在所有變異體中選擇了適應性好的變體而已。

認識到了DNA分子在生物進化中的責任意義，那麼所有生物有一個共同起源似乎就是肯定的而並非只是可能的。不僅所有生物，從最原始的細菌到最高等的人類，都是用同樣物質維持生命的延續，而且它們還用同樣的基因密碼將遺傳信息轉化成一個適應性的發育過程。既然基因密碼是隨意的，且就目前所知，絕對不受化學特性的限制，那麼其普遍性的唯一合理解釋就是它只進化了一次。很明顯，如果通過自然選擇的進化最終取決於化學物質DNA的屬性，那生命起源就不會引發甚麼特殊的概念問題。達爾文本人也願意承認生命可通過能為人們所理解的化學過程逐漸從非生命形式中生成並顯現。

> 如果(哦！一個大大的「如果」)我們能設想在一個有着各種氨、磷鹽、光、熱和電等物質的温暖的小池塘裏，由化學過程形成的蛋白質化合物正準備經歷更為複雜的變化……(L iii.18)

第六章
人類

有時人們會說，達爾文在《物種起源》一書中迴避了人類進化問題。但《物種起源》的核心論證很明顯是源自馬爾薩斯的《人口論》，它闡述了人口呈幾何級數增長的規律。而人類與動物之間的連續性是顯而易見的，對該問題涉及太多於論辯並無益。《物種起源》中大多數談到人的地方主要與遺傳、變異或同源結構問題有關。達爾文也用人類行為為例來說明動物普遍行為的一些方面，然而關於進化理論對人類更高級智能的起源有甚麼更重要的暗示，他則很少評論。「心理學將在一個新的基礎上穩固發展起來：即智力和心理能力的發展都是分階段逐漸獲得的。人類起源及其歷史將會變得明朗化。」（O 488）

1863年，赫胥黎的《人類在自然界中的地位》一書出版，人與高級猿類之間有密切親緣關係這個基本觀點得到有效論證。同年，賴爾的《人類的遠古性》無可爭辯地說明了人類起源問題應從地質時期而非歷史時間中考量。達爾文在《人類的由來》（1871）中對一系列將人類納入總的進化體系的觀點進行了概括總

結。人類在無數細小性狀上都受可遺傳變異的影響，其繁殖能力常常超出環境對其後代的容納力，因此，人類必定受到自然選擇的制約。像其他許多變種甚多的物種一樣，人類在不同的地理分隔區域內也形成了不同的變異類型或種族。（當時一種很普遍的觀點認為有着明顯差異的種族是不同的物種：「白人自貶人格，讓黑人淪為自己的奴隸，他們難道不是常希望把黑人當作另類動物來對待嗎？」達爾文譴責這是一種無知的自私自利思想。）在身體構造方面，人與其他動物有着同樣的結構基礎；智力上，「人與較低等的動物儘管在程度上有巨大差異，但本質上並沒有不同。而程度上的差異無論有多大，都不能說明我們應該將人類單獨放入一個不同的界別中……」（D i.186）

因此，必須把人類看作是一種動物，只不過在許多方面甚為獨特、與眾不同，但並非本質上的獨特或截然不同，即使在智力方面也是如此，就像螞蟻、蜜蜂與其他行為不那麼複雜也不很引人注意的昆蟲相比是一樣的。獨特性本身就是進化過程不可避免的結果。過渡物種的絕滅使我們註定無法觀察到物種間完整的連續性，化石記錄對人類起源的證據價值不可能比對其他任何物種的證據價值更多。我們現在所擁有的大批人類化石有可能代表了由一種絕滅猿類向人類演化的進化過程中出現的一些類型，但它們在1871年時還不為人所知。達爾文認為人們將很難發現這些化

石材料，因為類人猿狀態下的人類演化是局部發生的，它的廣泛擴散發生在人的典型特徵演化完成之後。前面解釋過年代較近的化石與其現生近親在空間位置上相近，達爾文以此觀點作為一種預測依據，正確地推測出非洲將會出現猿和人最早祖先的化石，因為人最近的現生近親——大猩猩和黑猩猩——是非洲物種。最終由於只在最近的化石層中發現了人類遺骸，達爾文便得出結論：人類進化的發生距今年代較近，而且異常迅速，中間過渡類型被比他們更成功的近親替代而快速消亡了，因而使現代人與他最近的現生近親之間的明顯差別進一步擴大。

雖然在達爾文之前的推理進化論者已對人類身體結構的演化提出了許多獨特觀點，但達爾文對人類已絕滅類人猿祖先如何演變成人這個過程的推測是他所構想復原的進化趨勢中最富有想像力的。正如所有的進化復原理論那樣，它很大程度上也只是一種看似合理的推測而沒有實際證據來加以證實。在這個及其他相互關聯的進化過程的復原中，達爾文的目的正是要表明如何通過可能的中間類型將看似無法連續起來的種類聯繫起來。要得出一個合理的進化復原構想，必須回答兩個問題：第一，過渡路徑是甚麼？其次，為甚麼會遵循這樣的路徑？相比前者，後一個問題的答案更多地要靠猜測。它要依靠對某種過渡變異之優勢的識別或者假想自然表面出現某種裂隙，使得一個演

化着的類群通過適當改變能夠嵌入其中。然而，如果認可通過自然選擇的進化作為確定的和唯一的機制，生物由此而獲得各自的特殊性狀，那麼一連串的優勢性狀必定會促使一系列的演變發生。

由於生存方式發生了變化，或者由於當地的生存條件發生了改變，靈長類系列中的某一古代成員逐漸離開樹上，更多地在地上生活，這樣一來它慣常的行進方式就隨之發生改變；這種情況下，它要麼成為完全的四足動物，要麼成為兩足動物……只有人變成了兩足動物；我認為，我們可以部分地瞭解他是如何學會直立行走的，這是人與其最近的近親間明顯的差別之一。如果不使用手，他就根本無法獲得目前在地球上的統治地位，他的雙手適應性之強令人稱奇，完全能遵從其意志行事……但是，若雙手和雙臂依然習慣於慣常的行走姿勢的話，它們就幾乎不可能變得如此完善以至於能製造武器或用石頭和投槍準確地投中目標。……如此粗蠻地使用手臂行走，還會使觸覺變鈍，而手和臂的靈巧很大程度上要取決於觸覺。即使僅僅出於這些原因，變成兩足動物對人類也是有利的；不過，雙臂和整個上半身的自由活動對許多動作來說乃是非常必要的；為了這個目的，他必須雙腳穩固地站立住。為了獲得這個巨大優勢，他的雙腳變平了，而且大腳趾發

生了特殊的改變，儘管這使他雙腳幾乎完全失去了抓握的能力……毫無疑問，對人類而言這確是一大優勢，用腳穩固地站立以及手與臂的自由活動使得他在生存鬥爭中取得了重大勝利。因此，我看不出為甚麼變得愈來愈直立或越來越像兩足動物對人類祖先不是極其有利的。（D i. 140–142）

達爾文將這種頗為合理的復原構想繼續延伸擴展到其他方面，如直立姿勢和腦體積變大對頭骨結構、面部形態、齒列、脊柱彎曲、骨盆加闊等的影響。

這類復原重構觀點並不意味着有一種超越了即時可見的好處的、迫切的外部需求導向存在，理解這一點很重要。在這一時期也同時發現了自然選擇進化原理的博物學家阿爾弗雷德·拉塞爾·華萊士卻無法接受下面這一觀點，即人類各階段的進化可能僅僅是因為要適應自然環境的迫切要求。他認為，人類的進化要比實際需要的完善許多，尤其是在智力上遠超出了自然選擇可能的要求；「有一種更高智慧指導人類朝着一個確定的方向發展，而且是有着特殊目的的，正如人類引導了許多動植物的發育方向一樣。」

達爾文對引入這種「更高智慧」所作出的反應是，他堅持認為由諸多可以理解的、即使不為人們所確知的原因所引起的選擇行為是沒有任何限度的。顯

然，人類的物質和文化發明應歸功於其高超的智力水平，這些發明使其成為了

> 地球上曾經出現過的最具優勢的動物……處於最野蠻狀況下的人類僅憑藉這幾項發明便從自然界中脫穎而出，而這幾項發明乃是人類觀察、記憶、好奇、想像和推理等能力發展的直接結果。因此，我無法理解華萊士先生為甚麼認為「自然選擇只能把略優於猿類的大腦賦予未開化的野蠻人」。（D i. 136–138）

人類高級智能的演化引起了語義學和形而上學方面的問題。但達爾文發現比較法在一定條件下同樣也可以應用於心智方面，該方法曾成功地解釋了一些爭議不是那麼大但卻同樣複雜的進化過程。早在1838年他就意識到：如果只集中探討人類思維的主觀方面，勢必會將討論內容完全局限在人類的範疇裏，而將動物中的任何類似情形排除在外，對其一無所知。「全都成了中心，如果是這樣的話，就無周圍一說了！！」（T ii. 109）研究「周圍」指的是探討動物的行為，從動物的行為類推以重新描述人類的行為：「人類起源證實了——形而上學一定會蓬勃發展——瞭解狒狒的人會比洛克在形而上學上走得更遠。」（M 281）

這牽涉到進一步研究探索將通常用來表述人類精神活動狀態的語言合理延伸以解釋在具體情況下似乎可與人類行為相類比的動物行為，人的行為通常伴隨這類精神活動。只要這些延伸看上去合乎情理，那它們就可以作為證據支持動物和人的智能之間有連續性這一觀點。如果一隻狗在受到棍棒威脅時好像表現出「害怕」的樣子這種說法是合理的，那麼「會害怕」就可以被正當合理地擴展推及到所有狗身上。此種延伸只是表明在某種情形下動物與人的行為相似，從邏輯上來說，這就好比一個膽怯的人受到類似威脅而表現出害怕，而他害怕的心理狀態我們不是通過語言來核實的。「忘掉對語言的使用，只根據你看到的來判斷」（M 296）。達爾文的形而上學比較觀用純粹的本義上的擬人法來解釋其他動物的精神活動。的確，「證實了人與動物的身體本質上是同屬一類後：考慮其精神活動問題幾乎有點多餘」（T iv. 163）。形而上學地反對把人的心智能力推及動物身上，在達爾文看來就是「狂妄自大」。

達爾文的擬人觀受到各種各樣的攻擊，同時也有人為之辯護，把它當作一個恰當而現成的比喻。這種攻擊和辯護肯定都是不恰當的。達爾文的整個觀點是要表明：人與動物的行為有同源相似性，若黑猩猩的前肢末端結構可以被稱為手，那高級哺乳動物流露出恐懼、歡樂的表情以及顯示出推理能力也同樣不足為

奇，它們只是程度上有差異而非本質上不同。動物界存在一種連續性的「思維能力」，達爾文認為它是伴隨有組織的神經系統的出現而出現的，如此一來，「人與動物之間的智力差別並非如此之大，遠不如沒有思想的生物(如植物)和有思想的生物(如動物)之間的差別那樣大」(T i.66)。

這種「思維能力」在動物界有多種表現形式。有些行為如本能行為，似乎特別適用於動物，另一些如推理能力或良心，尤其適用於人。不過，達爾文的成就之一就是說明了此類概念之間的界線是多麼模糊：

> 我不想給本能下任何定義，而要證明這一術語通常包含若干不同的心理活動會相對容易一些。當說到本能驅使杜鵑遷徙，並把卵產在其他鳥類的巢內時，誰都理解這是甚麼意思。一種行為，我們人需要有經驗才能完成，而由一種動物，尤其是缺乏經驗的幼小動物就能完成，並且在不知道為了甚麼目的的情況下許多個體都能按照同樣的方式來完成時，這樣的行為一般被稱為是本能性的。但我可以證明，本能的這些特徵無一具有普遍性。正如皮耶爾·休伯(Pierre Huber)所說，少許的推理和判斷常會參與其中發揮作用，即使自然體系中的低級動物也是如此。(O 207–208)

圖8 在他的開創性著作《人和動物的表情》(1872)中，達爾文用了一些照片作例證來說明問題，其中許多照片是他為此而特地委託別人拍的。他意在說明面部情緒表達的程式化特徵。「總體上承認所有動物的結構和習性是逐漸演化而來的人，都將會以一種全新而有趣的視角來審視整個表情問題。」

由於越來越多的判斷和推理的干擾，用「本能」這個術語來描述高級動物的複雜行為則變得愈加困難：

> 東印度群島的猩猩及非洲的黑猩猩，構築平臺作為住所；由於二者都遵循同樣的習性，或許可以認為這是出於本能，但我們卻無法確定，這不是由於兩種動物具有相似的需要和相似的推理能力而造成的結果。(D i.36)

對人類而言，「本能」這個術語常用於描述嬰兒的行為以及那些不自覺的動作，特別是與知覺和情感相伴的不自覺動作。新生兒的吮吸、憤怒的號哭、恐懼的叫喊都容易被認可是人的本能行為，而無論是細節還是情境上都類似的行為也可以在較高級動物身上找到。在《人和動物的表情》(1872)一書中，達爾文指出：高度社會化的鳥類和哺乳動物通過多種方式表達恐懼、快樂、性欲、驚慌和友愛。包括人類在內的哺乳動物，通常用面部表情如皺眉或怒吼來表達情感，有時還輔以額外的動作來強調和凸顯此類情緒信號。通過集中探討嬰兒行為以及蒙昧和文明狀態下人類的普遍表達行為，大致是可以將先天的情感表達方式跟純粹的習慣性表情特徵區分開的。一些普遍的情感表達方式是人類和動物所共有的，這突現了共同生理基礎的存在，削弱了「個體獨有的」能力在決定人

際關係的某些特徵時的作用。最後一點，也許是最重要的，達爾文指出了簡單程式化表情的有用性。它們不僅只是不自覺地流露出來，而且還把有關一個人心理狀態的信息傳遞給另一個人，不僅對表達者產生影響，也會影響接受方。

達爾文的人類生物學最顯著的特點是，他認識到社會化在人類進化中的絕頂重要性，這一考慮使他避免了像華萊士及其他人一樣不得不求助於一種神秘力量，而這種求助本身就很無力。正是這條主線在《人類的由來》一書中把兩個看似不相關的主題——人類的起源和本質與性選擇——聯繫了起來，因為一個物種的兩性組織是其社會組織的必要構成部分。與親代和子代之間、雄性和雌性之間、雄性和雄性之間的相互作用相伴的行為方式像其他許多性狀一樣，會受到有差異的生殖作用影響而進化，正如非社會化的體質或行為特徵一樣。在《人類的由來》中，性競爭和性選擇被用來解釋人類的某些體質特性，因為這些特徵似乎沒有直接地增強其生物學上的總體優勢。相較於類人猿，人類普遍缺乏體毛，而且男女體毛分佈有差異，達爾文把這歸因於性偏好。顯著的種族差異經常在性別差異特徵中有所體現，如在體毛分佈或者男女相對身高方面。最終他得出結論認為：人類的性偏好及對異性美的看法是多變的，但在特定的人群中相當

穩定，這使得原始人在各大洲的擴散中外在的人種特徵會有所改變。

在那個時期，人類一些習慣行為上的差異越來越為人們所認識和瞭解。關於性行為在人種形成中的作用，達爾文的觀點是相對局限的，但他並沒有對其加以擴展，對決定部落、社會或家庭具體結構的生物特性進行憑空推測。合理地解釋諸如語言、天份、美感、道德及宗教意識等複雜智能活動的演化過程顯得更加重要，似乎正是這些特質把人類與其他物種區分開來。達爾文把與上述智能活動相關的行為和語言看作是有用功能，它們在人類中是高度發達的，但卻根源於人類之前的動物行為。的確，經過一系列方言變化的語言演化、語言的連續性、地區差異性、古老形式的變化、原初痕跡以及語言對交流功能的適應性改變等等都是19世紀早期的流行話題。達爾文在《物種起源》裏多次用語言演化作比喻來說明生物的進化過程。

在《人類的由來》中，達爾文很自然地與那些認為語言起源於聲音的原始表達功能的語文學家站在一起：

> 我不懷疑語言是起源於對各種自然聲音、其他動物叫聲以及人類自己的本能呼喊的模仿及修正，並輔以示意動作和手勢……從一個廣泛適用的類推中，我們可以斷定：這種能力的運用在兩性求偶期間一

定特別突出，它可以表達各種情感，如愛慕、嫉妒及勝利時的喜悅，還可以用來向情敵發出挑戰。對有節奏叫喊聲的清楚模仿可能促成了表達各種複雜情感的詞彙的出現。（D i.56）

這段話清晰地表明：作為人類至高社會屬性的語言，起源於由性關係引起的社會性。

達爾文把人類的語言天賦與人類非凡的推理能力或智力聯繫了起來。他把人類能形成新奇聯想的能力看作是一種更複雜的能力，它替代了那種相對固定和確定的本能行為。人類真正的本能行為明顯比其近親要少而簡單。人類的語言能力是一種先天的、極其獨特的適應能力，它與人類的智力普遍高度發達有關，它明顯區別於人類使用某種語言的天生能力，比之更精妙。「我們必須相信：學習希臘語比將它作為一種天生能力傳給下一代需要一種更高級、更複雜的大腦組織結構。」（M339）

達爾文把語言看作是一種特殊適應性，這一點相當重要。他從「嬰兒的呀呀學語」中作出推斷，將之表述為「想要說話的本能傾向」。其中的關鍵在於：區別性特徵不是語言本身而是語言傾向。達爾文沒有認識到身體方面的適應性變化是一個本身也要受選擇作用影響的特徵，這在很大程度上造成了他在獲得性狀遺傳問題上的困惑。但在一般行為問題上，特別是

語言問題上，他還是牢牢把握住了適應性這一概念。

華萊士認為可為人所理解的選擇作用僅能解釋說明人腦功能可略微超過猿類。達爾文對語言使用之發展過程的解釋部分地回應了他的這一反對意見。

> 經過之前一個相當大的進步，一旦半藝術、半本能的語言被運用後，智能的發展緊跟着就闊步前進了；因為語言的連續使用會對大腦產生影響，並產生一種遺傳效果；反過來，這又會對語言的完善起到積極作用。同低等動物相比，人腦按其比例來說是較大的，這在很大程度上可歸因於早期對某種簡單語言形式的使用——語言是一種奇妙的機器，它給各種物體和各種性質附上記號，並引起聯想；單憑感官印象，聯想絕不會發生，即使發生也不能進行到底。（D ii.390–391）

要知道達爾文提到「進步」或「發展」時——他在其關於人類的著作中頻繁提及——總是暗含着這種進步或發展的取得乃是以不夠先進者或較不發達者為代價之意，被華萊士及其他人所忽略的環境壓力恰恰是來自於人類內部各演化系列之間的相互競爭，而不是某種非生命因素的影響，如氣候、食物資源或來自捕食者等某種明顯比人類低等的動物的影響。

一定程度的社會化顯然是語言進化的一個必要條

件。達爾文進而認為道德感的根源可以在社會結構的發展和維護中找到。從日常觀察中能夠看出，許多動物有一定的社會性。在社會性的物種中，可以看到社會生活的某些適應性結果，它們通常以互助為特徵。因此，認為在正常進化過程中物種能夠調整其行為以適應社群生活似乎是合乎情理的。達爾文將個別動物社群的特殊行為暫放一邊，而是集中精力探究原始的交往趨向的性質。他認為社會性動物樂於交往，而這種快樂的源泉又進一步激發了社交行為。主觀上對快樂的期待可成為人類活動的一種動力。達爾文清楚地看到快樂只是行為的一個伴生結果，其效果是有生物適應意義的。它是適應性行為的結果，也是這種行為不斷重複的原因，它取決於行為本身的生物價值。人類或低等動物先天傾向或本能的成功表達本身就是令人愉快的，但快樂的源泉是由進化中的偶然事件決定的。

達爾文認為：道德觀念或良心源於想要參與社會行為的內在傾向未得到實現而產生的情感不滿足。結果，道德觀念所呈現出的特定形式，如那些在特定社會中可能被認為是善舉或惡行進而受到良心主觀審判的具體行為，僅僅是由偶然事件決定的，這些偶然會在那個社會中以某種社會化形式固定下來。

圍繞達爾文對社會行為引起的良知進化的討論，有一個深層的進化矛盾我們至今仍未解決。這個矛盾就是：當動物以一種「社會性」的方式進行活動時，

它往往會犧牲自己的個體利益以利於群體。而就像達爾文在《物種起源》裏所指出的，自然選擇應該演化出利己而非利他的生物體。達爾文從不育工蜂超級無私的行為中不僅看到了動物社會行為的自相矛盾之處，而且也找到了合理的解釋。這裏的關鍵是每個蜂箱實際上都是一個大家庭，而由於遺傳規律的作用，自然選擇既可以在個體層面也可以在家庭層面上發生。

> 因此，我相信具有社會性的昆蟲也是如此：身體構造和本能方面的輕微變異主要是與集體中某些成員的不育相關，這對整個集體是有利的；其結果是：同一集體中能育的雌蜂和雄蜂會發展壯大，並把繁殖有同樣變異特徵的不育成員的傾向傳給它們有生育能力的後代。（O 238）

由此，在對待一般社會行為的進化問題時，達爾文相信它最初只能出現在包含許多親密相關個體的大家庭群體中，因此，人類的早期進化一定發生在類似的群體中。無疑正是出於這一原因，當他希望闡明特別的道德規範起因於特殊的偶然事件這一點時，他就以蜜蜂作了例證，因為在這裏個體與社會需求之間的衝突很容易地以有利於社會的方式得到了解決。

各種動物都有一定的審美觀，雖然它們所欣賞的對

象大不相同。同樣地，它們可能也有是非觀，雖然由此所引出的行為會大不相同。舉一個極端的例子，人如果是在與蜜蜂完全相同的條件下被養大，那麼幾乎不用懷疑的是，未婚女性會像工蜂那樣把殺死其兄長視為神聖的義務，母親也會努力殺死其能生育的女兒，而且不會有任何人想到去干涉。儘管如此，我以為，蜜蜂或其他社會性的動物似乎會獲得某種是非觀念或良知⋯⋯在這種情況下，一種內在的告誡機制會告訴這種動物遵從某一衝動會比遵從另一衝動好。應該遵從這個行動方向：這個方向是對的，另外一個是錯的。(D i. 73–74)

顯而易見，達爾文意識到了他把以前限用於人類的道德術語擴展延伸到非人類行為上的做法有多麼激進。

語氣肯定的「應該」(ought)一詞似乎只是為了表明：人類意識到一直有一種本能在指導着他，它或是先天的或是後來部分獲得的，儘管有時人類可能會違背它。我們説獵犬應該追逐獵物，指示犬應該用頭指示獵物的位置，拾應該銜回獵物時，這裏的「應該」很難稱得上是比喻用法。如果這些狗沒有這麼做，那它們就是沒有盡到自己的義務，是行為失當。(D i. 92)

從道德相對論到否認上帝是唯一的道德權威僅一步之遙。達爾文接受了奧古斯特·孔德(Auguste Comte)的觀點：強大的超自然力量只是一種概念，原始條件下人類把無法解釋的現象歸因於它。儘管「對文明程度較高的種族來說，篤信一位無所不察的神存在，對道德觀念的發展具有重大影響」，但是人類學證據並不支持這種信仰從根本上不同於信仰「存在着許多殘忍和惡毒的精靈，它們的本領只比人類稍強一點；因為對它們的信仰遠比對一位仁慈神的信仰更為普遍」(D ii.394, 395)。

　　在達爾文看來，文明世界裏作為道德化身的上帝只不過是一些習慣信仰的化身，在較低等動物的社會本能中可尋見其根源。當達爾文寫道，完全憑良心做事的人會說：「我是自己行為的最高評判官，借用康德(Kant)的話說，我本人不會侵犯人類的尊嚴」(D i. 86)，他無疑是在講述自己的道德觀。

　　達爾文並沒有從其關於道德觀起源的自然理念中形成一個獨特的道德哲學觀。他隱晦而私密地求助於康德的哲學觀點大概說明：他已經看出康德個人對道德責任感的明確信念與一種希望按照社會認可的方式行事的生物本能相關。否認神是唯一的道德權威顯然不等於否定宗教教化出的行為的道德價值。在達爾文看來，既然道德價值是由社會的總體特性所決定，在他自己社會的道德框架內，他就可以自由地稱讚他所

珍視的行為或者批評他從道德上感到厭惡的行為。

　　達爾文有關人類道德進步之源的觀點前後存在矛盾，雖然依照他開明的中產階級價值觀，他並不懷疑這種進步的確發生過，而他所處的也基本上是一個道德上比較進步的環境。同時他又認為：通過適當的婚姻，人類「通過選擇可以對其後代產生某些影響，不僅在體質構造方面，而且對智力和道德品質也可以產生影響」（D ii. 403）。而「道德品質得到提高，不論是直接或間接地，更多的是習慣、推理能力、教育、宗教等影響的結果，而非通過自然選擇……」（D ii. 404）。為了說明前一個觀點，他同意他的侄兒，第一個人類遺傳學家弗朗西斯・高爾頓（Francis Galton）的觀點：「如果輕率者結婚，謹慎者避免結婚，則社會的低素質成員將可能取代那些較優秀成員」（D ii. 403），應該是「所有人公開競爭，最有才能的人不應受法律或習俗的阻礙，應該獲得最大的成功並養育最多數量的後代」（D ii. 403）。

　　上一代時，社會科學中最激烈的爭論可能是關於人類最高級的社會特質和智力品質受內在的生物特性所支配的程度。從動物社會進化研究中吸取原理的進化社會生物學，明確地意欲把這些原理規定性地應用於人類的研究，愛德華・威爾遜（Edward Wilson）這位新達爾文主義的主要代表人物甚至準備把追求「一種

天生嚮往幸福的文化」和「準確遺傳而完全公平的道德編碼」作為有望實現的理想目標。

很明顯，這樣的理念可以在達爾文的著作裏找到根源。如果人類的社會本性不僅是由基因決定的，而且是被明確規定好的，那麼認為基於生物學基礎上的人類道德行為規範存在的論點，與達爾文的主張「指示犬『應該』用頭指示獵物位置，因為它們在體質結構上適合這樣做」確實是一致的。此外，仍然依據達爾文的觀點，如果指示犬那樣做了，它們會更開心。但在具體說明人類的行為特徵時，達爾文保持了一貫的謹慎。就像是最好把人的語言能力表述為一種普遍的說話傾向而不是一種會講希臘語的特殊天賦一樣，其他形式的社會性之異質性說明其也只是一些承襲通常行為類型的傾向，而並非是由遺傳準確決定的。似乎我們人類潛力巨大的文化適應性最終將會捍衛自己，抵制進化社會生物學在解釋人類行為時傲慢的科學態度。

第七章
完善與進步

自然界的「完善」概念是達爾文之前解釋自然的理論中所不可或缺的，是造物主設計之手存在的證據。「進步」這個概念源自推理進化論：從胚胎的發育，從動植物的多樣性，從最簡單的有機物到人類都能推斷出它的存在。在人類問題上，完善和進步代表着兩種對立的、各有存在理由的原則，二者的對立與衝突是18世紀和19世紀初期思想的一個主要特徵。英國國教和保守政治理論堅持維護現存制度的價值，而革命、浪漫主義及民主的興起卻堅決主張發展進步的必然性。人類制度的理想模式無論是靜止還是變化的，達爾文都沒有太大興趣，但將完善和進步二者的哲學內涵拓展到生物界並形成具有解釋力的原理卻事關重大。完善和進步是抽象概念，在達爾文的實證和相對體系中很難佔到一席之地。不管如何去合理界定作為一種普遍性質特徵的「完善」，自然界現實的情形必定會與之發生背離，因為變異和選擇必然意味着適應性方面的差異。物種的絕滅和死亡被認為是時間推移作用於生物種群的一種必然結果而並非是神意，

這樣一來生物結構的「完善」就只能結合其生存環境來界定。

神創論和自然選擇學說都要對結構適應這一重要現象作出解釋。達爾文的辯證立場是基於這樣一個基本觀點：即使是按最廣泛意義上的「完善」標準來看，也並非所有的東西都那麼完善。如果造物主有能力創造能夠適應任何環境的生物，那為甚麼他的創造力在一些島嶼上失靈了，如在新西蘭似乎罕見有哺乳動物存在？為甚麼習性和構造之間經常不能實現完全對應呢？就如南美平原上的啄木鳥，「那兒一棵樹都沒有……其身體構造的每一個重要部分都清楚地說明：它與我們常見的啄木鳥有很近的親緣關係；然而它卻是一隻從來沒爬過樹的啄木鳥！」(O184)對達爾文而言，適應只不過是偶然性和時間相互作用的結果。如果偶然性太精確，而時間太短或競爭太激烈，滅絕現象就會發生。

退化的器官是身體結構上不適應的極端例子，如蛇或鯨完全退化的後肢和骨盆的痕跡，或者在多風島嶼上生活的甲殼蟲背上始終被硬殼覆蓋着的翅膀。依據完美造物論的觀點，它們是沒有意義的。然而，在達爾文看來，這些退化器官都是生物過去的殘跡，它們是在進化過程中為應對偶然出現的改變而發生了退化，這些器官儘管仍可顯出其同源痕跡，但在生物的生活中已沒有用途。

細想這些事實，無論是誰都會倍感驚異：因為推理清楚地告訴我們大多數組織和器官都近乎完美地適應了某些目的，與此同時卻又同樣明白地告訴我們：這些退化和萎縮了的器官是不完美的、是無用的。在博物學著作中，殘遺器官通常被說成是「為了對稱的緣故」或「為了完成自然的設計」而創造出來的。但是，這在我看來並不能算作一種解釋，而只是事實的複述。是不是因為行星沿橢圓形軌道繞太陽運行，那麼就可以說衛星為了「對稱的緣故」和「為了完成自然的設計」也沿着橢圓形軌道繞着它們的行星運行呢？(O 453)

除了個別相對偶然的情形，生物的構造並不符合完善的標準，同樣動物行為也遠未達到完善的程度。如果是完善的，仁慈的造物主就應該考慮到「讓人的體味為蚊子所厭棄」(T ii. 103)。顯然，依據達爾文道德起源的觀點，偶然性是唯一相關的決定因素。語氣肯定的「應該」(ought)一詞只能根據具體情形來界定。達爾文在《物種變化筆記》裏將生物學中「完善」的定義簡化為僅包含「完善就在於能夠繁殖後代」(T vi. 159)這層含義，以便能在他的理論體系中站得住腳。確實，這也是直到今天唯一還能成立的含義。

　　不論從道德上還是從結構上講，自然界都是不完善的，在這一點上證據顯然對達爾文有利。不過，生

物界複雜而精妙的適應常常令人驚歎不已，所以達爾文當然預料到了要讓人們接受它們只是變異和自然選擇的結果很困難。不過，他總是援引「偉大的分階段演化原則」，使其觀點始終保持一致。至於複雜或奇妙的結構，問題只在於程度上的區別，而非質的差異。

> 像眼睛那樣的器官，可以對不同的距離調焦，接納強度不同的光線，並可矯正球面和色彩的偏差，其構造之精巧簡直無以復加，假設它也可以通過自然選擇而形成，那麼坦白地說，這似乎是極其荒謬的。然而理智告訴我，如果可以證明，從極其簡單而不完善的眼睛到複雜而完善的眼睛之間存在着無數的中間進化階段，且每一階段對動物都是有益的（實際上確是如此）；再進一步假設，如果眼睛確實發生了變異，哪怕是很輕微的，且這些變異得以遺傳（事實的確如此）；如果這個器官的任何變異對生活在變化環境中的動物是有利的，那麼極其複雜而完善的眼睛可以通過自然選擇而形成這一點雖然很難想像，但接受其是可能的並非真就那麼困難。（O186–187）

另外，一些神奇的適應性變化常常不是某種生物所獨有的，如翅膀對飛行的適應在鳥和蝙蝠身上都發生過。如果造物主負責分派飛行能力，那他一定分派

了好幾次，用完全不同的方式來解決飛行這一個問題。起點不同、進化路徑不同的獨立進化群體最終可能會獲得相似的功能。正是這一事實，即解決一個複雜問題的特殊方案具有不唯一性，限定了整個「完善」理念。

達爾文的許多有關植物的著作，尤其是《蘭花的傳粉》（1862）、《攀緣植物》（1865）和《食蟲植物》（1875）進一步推翻了這樣一種觀點：即自然界是一個為了圓滿完成某些任務而斷續設計創造出的眾多完善個體的集合。達爾文對所有這些神奇的適應性變化進行分析的主旨是一樣的。變異遺傳要求在同類生物群中存在結構相似性，而生存環境具體決定這種遺傳特質如何對物種有用。任何適應，無論多麼奇特或特殊，審視的人若是期待看到它與同類生物在構造上具有一致性的話，這種適應的獨特之處也僅僅只是部分程度上的。蘭花花朵各式各樣，其完美程度令人驚歎，可確保授粉能通過某些昆蟲來完成，而這些昆蟲本身對蘭花的適應程度也同樣讓人驚奇。而這種令人驚歎的完美可以看作是由更常見花的普通花朵在一些基本同源結構方面出現的多種變異不斷累積的最終結果。如果這些特殊的適應是無所不知的造物主賜予的，那麼就無法對這些已經稍有變異但仍較明顯的小缺陷的存在作出合理解釋。然而，如果先前存在的器官為了應對偶然性變化發生隨機變異而獲得適應性

結構，那麼高度特化的和較簡單的花都遵從的基本潛在規則就可以得到解釋。近代評論家邁克爾·蓋斯林（Michael Ghiselin）很有影響地寫道，所有這些特殊的適應性變化都是「新奇的構造」而不是「精心的設計」，是機械性地演生而來的。

對達爾文而言，「完善」這整個概念毫無用處，甚至是有害的，它被隨意用於表示那些合乎人類看法的變異，因為它們似乎正好與人們所認可的生物任務該如何完成的觀點相吻合。如果生物任務只是簡單的「繁殖能力」，那麼不論一種適應性變異多麼令人討厭或效用多麼差，只要它可以做到成功繁殖，就不能無端地否認其完善性。

> 如果我們讚歎昆蟲那神奇的嗅覺，許多雄性昆蟲憑此可找到它們的雌性；那麼，僅為了這種生殖目的便在一個蜂群中產下數千隻雄蜂，它們除此之外對群體再無別的用處，最終會被它們勤勞而不育的姊妹工蜂所殺掉，我們對此也要讚歎嗎？……如果我們讚賞蘭科和其他許多植物的花朵擁有某些巧妙構造，可利於昆蟲完成授粉，那樅樹產生出大量密雲似的花粉，以便其隨風飄散時其中少數幾粒會碰巧落在胚珠上，我們是否也可以認為它同樣是完善的呢？（O 202–203）

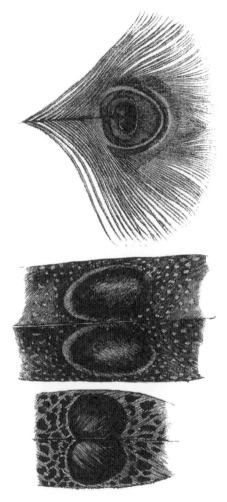

圖9　許多雄鳥美麗外觀的演化，在此以孔雀尾羽上的眼斑為例，需要一個以雌性選擇為基礎的新解釋。即使是「極度完善的器官」一定也有著不甚完美的前身。達爾文注意到：位於孔雀尾羽中央的眼斑似乎是由最初在羽軸兩側對稱出現的眼斑融合而成，這種演變模式有各種中間形態，他在同類的雉類中都可看到。

達爾文對上述反問的回答當然是：我們的看法其實無關緊要。總之，動植物的表現已夠好了，這樣，「完善」的概念就被單純的「足夠」理念所替代。即使花了很大的代價才做到了足夠好，那也同樣是足夠好。但如果自然選擇讓其付出了代價，那它同時不也促使其進步令其受益了嗎？自然界的不完善早在馬爾薩斯之前就為人們所注意到了，整個18世紀為證實上帝創造了人類而進行的持續不懈的論爭終告失敗，促使人們的認識由自然體系「必然是靜止的」走向了「必然是不斷進步的」這一前景更光明的假說。到19世紀中期，關於物種起源問題，幾乎所有的哲學推測都是進化性質的(儘管並非達爾文主義)。大自然被擬人化成了某種非物質力量，不斷地致力於創造更複雜的生命形式。現有生物的豐富多樣體現了物種逐漸走向完善的系統進步過程中的不同階段，而對完善狀態的界定則各種各樣，要麼隱晦難懂，讓人無從捉摸，要麼多多少少認同基督神學關於高級生物的傳統優點。人類這個物種代表了這一進化完善過程中所到達的無可逾越的至高點，人類在個體生存和社會生活方面表現出的神奇智慧指示了前進的方向。

　　人類會把自己的價值觀念無端地強加於一個本沒有負載這種價值的過程之上，在達爾文看來，必然的前進性進化觀念是又一例證。一維性的進步法則否定了物種可通過持續的繁殖能力確保與現存物種在生物

結構上保持等同的可能性。「說一種動物比另一種動物高級其實是很荒謬的，是我們主觀地認為那些大腦構造或智力最發達的動物是最高級動物。蜜蜂無疑是本能最發達的。」（T i.50）心智的發展，無論是智能型還是本能型，顯然不是劃分生物等級的唯一參考標準，因為它沒有把植物考慮在內。「看着被最美麗的稀樹草原和森林所覆蓋的地球表面，誰還敢說智力的進化是世界的唯一目的？」（T i.72）不過，在生物界某種可以被稱作「進步」的現象顯然還是發生了，儘管朝着許多不同的方向。這種進步到底包含甚麼具體內容並不清楚，但達爾文傾向於接受複雜性這一理念。然而他還是從本質上懷疑進步的必然性。如果生物界趨向於越來越複雜，那麼這種現象應該得到一個解釋，它並不是完全不言自明的。這裏的關鍵問題還是生物進化的盲目性，它僅是對偶然事件作出反應。達爾文意識到，總的說來，偶然事件有利於多樣化：一群生物的存在正好為另一群生物創造新的生態位（舉個簡單的例子：植物為動物創造生態位），依此無限類推，於是生物的複雜程度就取決於其環境的複雜性。從化石記錄可知，開花植物的主要進化過程極其迅速，是在採蜜昆蟲的進化推動下完成的。達爾文對這一新奇理念（1877年有人向他提出）很感興趣。昆蟲確保雜交快速有效，而植物用包含了花蜜的鮮豔美麗或芳香馥鬱的花朵引誘昆蟲。兩個種群共同快速進化。

但假如有適宜的環境，這一進化過程即使不能完全逆轉，至少應該是可以倒退的。

大洋洲諸島為高等生物的倒退性演化提供了機會，這在大陸上是不可能實現的，在那裏複雜構造最初就已經形成。在此類島嶼上，不會飛的鳥和昆蟲顯然已經喪失了一項非常複雜的功能。同樣，棲息在洞穴或地下的失明動物因為偶遇新環境而喪失了視覺。在討論這種倒退性變化情況時，達爾文引入了一個新的觀念，這個觀念使他的見解極為現代：演變一般趨向於最經濟地使用資源，該原理是從馬爾薩斯的矛盾說直接得出的，即繁殖速度往往會超出可用資源的承載能力。無用的器官，如穴居動物的眼睛純屬資源浪費，會消耗掉用於生殖的資源。在這樣的動物身上，

> 經濟原則可能會經常發揮作用……根據這一原則，任何器官或結構，如果對所有者沒有用處，其製造材料將盡可能被節省。這往往會導致退化器官的完全消失。（O 455）

經濟原則會調節生物的行為方式以使其生存環境容納量達到最大化。這一點在達爾文對蜜蜂蜂巢中六棱柱形蠟質蜂房的構造描述中得到了體現，他用數學論據闡明了這種蜂巢結構正好能將所用蜂蠟量降到最少。蜜蜂把采來的花蜜轉化為蜂蠟用以築巢。它們也

把花蜜轉化為蜂蜜，儲備在蜂巢裏，用作蜂群越冬時一種必不可少的食糧。如果花蜜有限，最大限度地減少構築蜂巢所需的用量顯然是有利的，這樣會讓用來生成蜂蜜儲存起來的花蜜量達到最大化。

這樣一來，經濟原則可以同時解釋退化和進化現象，可以解釋自然界中最完善的構造之一——脊椎動物的眼睛——的退化，也能解釋最微妙的動物本能行為之一的進化發展。

於是，進化「盲目地」遵從着最大限度地利用資源的路線，此路線是「前進的」還是「後退的」，取決於觀察者的看法。一般情況下，進化路線似乎是向前發展的，因為競爭的優勢總會存在於能力較強、效率更高的物種成員一邊，不具備優勢的個體被同一物種中的其他成員所代替，自古至今都是如此。

這種觀點否定了進化發展都必然是「進步的傾向」。由此，人類這個物種成了地球演化史上的偶然產物。理論上講，與鳥的翅膀為飛行問題提供了獨特解決之道相比，人類那些最有價值的品質並不顯得多麼獨特。「這真是偶然的機遇……造就了人，若有這樣的機會，任何猴子都有可能變得一樣聰明，但幾乎肯定不會演變成人。」（T iv. 166）

許多同時代人都拒絕接受達爾文關於前進性進化問題的解決方案，因為它不允許神造行為的存在。即使進化被廣泛接受後，上帝仍被視作是引導者。如果

說變異是自然選擇發生作用的原材料，那麼上帝的干預可以被用來解釋進化中的進步傾向，特別是用來解釋有目的的人類起源，他為每個進化階段提供有利的變異。達爾文拒絕接受這種觀點，並最終排除了進化過程中所有超自然力量的存在。他的拒絕是建立在正確的信念之上：變異和其「用途」之間是相互獨立、互不關聯的。在家養物種中變異被人類所用只是一個類比，但其論點被泛化了。無所不能的造物主真的能預見哪種變異能使某種生物通過人類的作用或在野生狀態下超越其近親，更好地繁殖子孫後代嗎？

> 他(上帝)曾規定不同鴿子的嗉囊和尾羽應該不同以便其愛好者能夠培育奇特的球胸鴿和扇尾鴿嗎？是他讓狗的體格和秉性有所差異以便能形成某個兇猛無比的品種，其牙齒尖利無比，能咬住公牛，以供人類欣賞這種殘忍的體育活動嗎？可如果我們在一種情形下放棄這一原則……那就沒有理由去認為：性質相似、都作為相同的基本法則之作用結果的變異是受到了有意的、專門的引導，雖然它們為自然界的動物(包括人在內)經過自然選擇完美地適應環境提供了基礎。無論我們多麼希望，我們都無法認可阿薩·格雷的觀點：「變異是被引導着沿某些有利的方向發展的，就像一條溪流沿着確定和有用的方向流淌去灌溉農田一樣。」如果我們設想每種具

體變異自最初始之時就是預定好的，那麼，能引起許多有害的結構變異的生物體構造的可塑性，以及不可避免地引起生存鬥爭並最終導致自然選擇或適者生存的過剩繁殖能力，在我們看來似乎都成了多餘的自然法則。而另一方面，萬能的上帝規定和預見了一切。於是，我們就不得不面對一個無法解決的困難：一切到底是自由意志的結果還是上帝預先設定好的？(V ii.431–432)

第八章
達爾文主義與意識形態

1980年，競爭世界上最有影響力的世俗職位 —— 美國總統的兩位主要候選人，都急於公開宣稱他們相信《聖經》的創世故事本身是真實的。這鄭重地提醒了我們，達爾文的進化論還沒有得到普遍認同，並不像其早期支持者所認定的那樣。意識到早在一百多年前赫胥黎就在為此與當時英國前任和後來又幾次就任的首相格萊斯頓先生(Mr Gladstone)進行針鋒相對的鬥爭，這讓生物學家特別苦惱。的確，我們擔心隨着科學認識與普通信仰之間的隔閡不斷加深，這種局面將會變得更糟。事實不幸確實如此，達爾文當時苦苦求索而沒有成功解決的問題最終在基因學這門新科學裏找到了答案。然而，雖然基因特性以令人滿意的方式簡單明瞭地解釋了生物進化的許多問題，但基因卻無法說服一些人，因為他們根本無法想像肉眼不可見的微小物質的真實存在。

雖然達爾文的觀點中暗示了將來最終會發現帶有基因特徵的東西，但是進化論並沒有完全地依賴這一附帶分析。如果進化論的正確性遭到普遍質疑，就會

出現一個問題：通常情況下科學假設如何才能被認可？人們常常誤以為：在取得某種所謂的「證據」之前，科學家對一些所謂的科學論斷總是持保留態度。其實更確切地說法應是：在「反駁證據」出現之前，科學家傾向於相信合理的、具備科學性的論斷是正確的。然而，科學的論斷與其他邏輯同樣嚴密的推斷之間有着顯著差別，這種差別在於科學論斷與現實世界直接關聯，現實世界的確有可能提供反駁證據。

對於達爾文的進化論，現實世界始終沒有能夠提供反證。野生生物確實呈現出差異，許多變異遺傳下來了，但並非所有的變異都具有同等適應性。人們可以直接觀察到自然選擇和自然種群進化，即使在人類中也可以看到。自然選擇無疑是一個進化機理。它是否是唯一的進化機理偶爾仍會有爭議。如果另外一個進化機理被發現，那它只能算是一個新的進化理論，與自然選擇理論並列，並不能取而代之。

人們可能會問：事關久遠過去的進化論主張，我們憑甚麼認為它們是科學的？的確這些主張不容反證，因此理論上講是不科學的。但過去的事情真的就那麼難以瞭解嗎？化石記錄原本可能在公元4004年就突然沒有了，而事實上它可以追溯到大約30億年前。化石記錄也許會顯示：我們現在所識別出的所有生物類群在最早的岩層中就已共存，但事實上它所顯示出的是從一個很不同的、非常原始的過去形態持續發展

成為現今形態的過程，其間偶有突發情況。而人類也許可能是以完全發育成熟的形態一躍出現在化石記錄中，沒有原始人祖先的證據。而事實上，現在有許多化石看起來像是原始類人猿時期的代表類型。我們得承認，地質學還沒有為現代進化理論提供最佳證據，在岩層中挖掘化石按現在的標準看不是一種非常好的實驗方式。然而，從已有的地質學證據來看，始終也未能對進化論提出有力的反駁證據。

將進化論用於解釋人們未曾親見過的事情，碰到的真正問題與任何科學推論所遇到的一樣。對科學的頭腦而言，理想的狀況就是，如果一個規則每次被檢驗時都能得到證實，那它就可以普遍應用於具備了相應條件的所有情形。由於我們不知道時間推移過程中發生過甚麼事件可能使得進化過程的基本條件不再適合，而我們手中掌握的證據又與進化論相符合，且沒有其他具有類似科學性的假設存在，所以我們認為進化論總的來說是正確的。的確，如果所有逝去生物均化為塵埃，我們沒有任何化石記錄，那麼進化論是否會被科學家普遍接受就有疑問了。

至於科學頭腦是否有理由認定外在世界存在規律性，這個問題已超出本書的討論範圍。不過，進化論是個特例，很難挑出它的毛病。如果進化論沒有得到普遍接受，那人們一定會認為：這要麼是因為對其所依據的證據無知，要麼是對其結論感到不滿。進化論

更多地涉及到了精神生活的神聖領域，超出了其他任何科學理論。此時，指望精神領域裏的權威對人類存在的終極問題給出一個令人滿意的解釋變得不再容易：為甚麼我們會出現在這裏？為甚麼地球就這樣自生自滅地運行着？崇高感是甚麼？達爾文革命剝奪了人們通常可以依賴的許多精神慰藉之源，從這個意義上說，它是殘忍的。人體和大腦的結構是進化的結果，就如同海浪的形成過程一樣易於理解，認識到這一點可能會帶給人智力上的滿足，但卻不一定能補償神聖上帝的缺失造成的遺憾。在人類、其他生命形式和無機物組成的物質連續體中，不存在任何空隙或餘地讓人類可在其中找到自己的特殊之處。的確，我們擁有的非凡的智力天賦和清晰的自我意識似乎特別能夠凸顯這一缺憾。因為達爾文向人們指出了這個明顯事實，不管他是以多麼間接的方式，所以一百多年來他一直受到誹謗，被當作是唯物主義的傳道者和造成道德墮落的一個主要源頭。

具有諷刺意味的是，儘管正統的基督教很難、或許不可能與達爾文主義達成妥協，社會理論學家卻獲得了從進化論中尋找道德啟示的機會。當恩格斯斷言馬克思的歷史唯物論與達爾文的進化論有可比性時，人們一定認為這是對其相對科學價值的評價，而不是針對任何具體內容或應用上的相似性的評價。儘管如此，自達爾文以來，重大的社會或道德進步觀念都竭

力從進化論那裏尋找依據以獲得科學認可。但就像達爾文在19世紀初沒有從積極的社會進步運動中獲得進一步發展進化論的靈感一樣，到臨終時他也看不出有甚麼理由要把進化論納入到新的進步哲學觀中。他在1879年寫道：「有一個極其愚蠢的觀點似乎正流行於德國，它把社會主義與通過自然選擇的進化論聯繫在了一起！」(L iii. 237)

從進化論中汲取純粹道德原則一直是後達爾文思潮中反復出現的主題。在英國維多利亞女王統治的後期，尤其是在美國，一種格外殘酷的社會生存競爭現象，即「社會達爾文主義」在赫伯特·斯賓塞「適者生存」口號的倡導下興起。進化論的法則被解釋為勝利屬最強者，它是進步的必要條件。作為一種社會行為規則，它為資本家對剩餘勞動的大肆剝削提供了理由，赫胥黎斥之為「理由十足的野蠻行徑」。赫胥黎努力維護達爾文主義的合理適用範圍，奮力抵制其在社會科學領域的支持者們在道德上的狂熱，結果卻是徒然。甚至連他的孫子，朱利安·赫胥黎(Julian Huxley)，20世紀一位著名的進化生物學家，也無法抵制以進化論為基礎的人文主義道德觀的吸引。按照朱利安·赫胥黎的觀點，達爾文的進化論已經使人類

相信在他之外還存在着一種「傾向於公正的力量」；人類與盲目的進化力量在朝同一方向努力，

在人類出現之前的漫長時期裏，進化力量就一直在為其鑄造着這個星球；他的任務不是要對抗自然秩序，而是要使自然秩序的構建圓滿地完成……

對達爾文思想類似的人為利用也可在無神論個人拯救計劃中看到，如科學論派的創始人羅恩·哈巴德 (L. Ron Hubbard) 所創的「排除有害印象精神治療法」就宣稱「其第一法則」就是「生存是存在的動態原則。」而較近時期裏，我們所面臨的是來自進化社會生物學赤裸裸的衝擊，彷彿是注定要有此一劫，它把對動物社會行為研究的最新進展用於了描述說明人類的行為規範。

那麼多內容各異的哲學構想都把達爾文的進化論當作自己的原則依據，我們由此可以得出甚麼結論？如果社會主義、自由放任的資本主義、軟弱無力的人文主義和社會生物學的原教旨主義等，都能在達爾文的著作中找到支持自己的依據，那麼我們就不得不認為：要麼達爾文的論證極其含混不清、前後矛盾，但事實顯然不是那樣；要麼就是進化論與道德規範之間根本沒有多少關聯。

第九章
綜評：科學家達爾文

　　科學家大致可分為實驗型和理論型兩大類。實驗科學家天生就無法抑制自己想要看看石頭下究竟藏着甚麼東西的念頭，他受好奇心的驅使，且心中懷着一種合理的信念：自己翻開石頭的過程中可能會有新的發現。這類科學家就是牛頓所自稱的那類科學家，「我一直就像一個在海灘上玩耍的孩子，沉湎於不時地發現一粒更光滑的鵝卵石或一個更漂亮的貝殼的喜悅之中，卻不知道真理的海洋就在我的面前。」（歷史所展現的牛頓可完全不是如此，還有故事傳說為證。沒有證據表明，牛頓獲得萬有引力定律的靈感是因為他發現坐在蘋果樹下通常會獲得意外但有用的信息。）理論科學家主要靠腦力而非體力，他的發現是通過思維而不是通過翻開石塊。下面這段話正是這類科學家所寫：

> 大約30年前，有許多言論認為地質學家應該只做觀察工作而不應進行理論推測；我很清楚地記得有人這樣說過，照這樣的話，地質學家只需走進礫石坑，數一數鵝卵石，描述出這些卵石的顏色就行了。所有觀察

的價值在於它必定會支持或反對某種觀點，若不明白這一點，那是多麼奇怪啊！(ML i. 176)

　　達爾文是一位卓越的理論科學家。對理論科學家而言，觀察是為闡釋觀點服務的。能將眾多事實涵蓋在內形成一個總的論斷或觀點的能力才是至關重要的：一項事實只有在能或不能被一個論點所解釋時才有意義。理論科學家可能會翻開石頭看，但他這樣做的目的不僅僅是因為他可能會發現某種東西，而是因為他已經清楚地預料到可能會發現某種特別的東西。的確，對理論科學家而言，事實材料的地位是不確定的：如果觀察家觀察之初沒有往「正確的方向」看，那麼他就有可能看不「對」。正如達爾文曾經寫道，「我一直相信，一個好的觀察家應該是一個優秀的理論家」(ML i. 195)。他的哥哥伊拉斯謨，曾對化石記錄作為支持進化論之證據的不確定性特徵作出過評價，更明確地為理論科學家辯護，「在我看來，演繹推理是很成功的，即使事實與理論不相符，對那些事實而言也並非那麼糟糕……」(L ii. 233)

　　達爾文的第一個科學理論是關於珊瑚礁的起源和分佈的，該理論的得出正好符合上述的這種模式，它把對陸地下沉現象的總體認識與珊瑚礁的一些特徵結合了起來，其中珊瑚礁的特徵來自賴爾的《地質學原理》。

我的其他著作沒有一本像這本那樣，開篇之初帶有如此明顯的演繹色彩，因為整個理論是我在南美洲西海岸時構想出來的，當時我還沒見過真的珊瑚礁，因此我只得靠仔細考察群居的活珊瑚蟲來證實和引申我的觀點。（A57）

顯然，達爾文沒有進行過多的相關考察，就把這些素材構思成理論，形成了一個總的想法。這純粹是一個形式上的論證，但卻很科學，因為它能經得起批判性檢驗，可最初它只是作為一種複雜的思維意象存在，理論的形成取決於我們多多少少都具備的一種能力，即能夠從一組正確但表面上互不相關的觀點中看出它們之間存在的正式因果關聯的能力。

有必要指出的是，科學理論並非誕生於真空中：一個具體的問題、證據或收集到的一批事實都會引起科學家的注意。某一問題暫時沒有得到解決，或事實真相還沒有解釋清楚，由此引起的不滿足再加上好奇心的作用會引導人們進行猜測，其結論只是一個假說。最終，通過進一步的設想將假說與對可直接觀察到的現實世界的推測結合起來。

自然選擇進化論的誕生遵循了同樣模式，只有一點例外，即達爾文從賴爾對拉馬克的評論中就已經瞭解了進化假說的解釋價值。當時的情況是，均變說地質學的方法論不能為進化假說本身還有適應問題提供

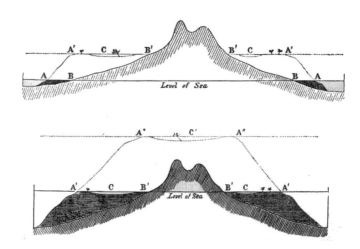

圖10　這是達爾文用來說明其珊瑚礁理論的一個示意圖，不是特別容易理解。上面一幅圖中，我們看到一座山慢慢沉入海裏的先後兩個狀態。第一狀態中，山開始下沉之前，海平面用實線表示，陸地被海邊暗礁AB環繞。第二狀態用虛線表示，珊瑚在A'處形成堤礁，在堤礁和陸地之間形成一個潟湖通道C，裏面有一隻小船。下面一幅圖裏，上圖中的第二狀態在這裏是起始狀態，當山頂沉沒到海平面以下時，便形成一個新的第三狀態（虛線所示）。然而，珊瑚繼續在海平面附近生長，形成一個環形珊瑚島（A"）和一個中央潟湖（C'）。

合理解釋。好奇心和不滿足感在達爾文自傳性質的回憶錄裏顯而易見，「這個問題一直困擾着我」（A 71）。從「比格爾號」航行回來後，達爾文收集了「家養條件下動植物變異的各種事實證據」，希望「可以對理解整個問題有所幫助……我根據真正的培根實驗原則進行工作，在沒有任何理論影響的情況下全面地收集事實材料」（A 71）。幾年前，彼得・梅達沃爵士（Sir Peter Medawar），一位堅持認為在科學研究中假設應優先於觀察的執著人士，指責達爾文所記述下來的東西「不足信」。梅達沃這樣説的時候，似乎沒有充分考慮到科學家在某一段時期確實也會對如何論證一個觀點把握不準，同時心頭隱約會有一種直覺想法，覺得只要對它進行足夠的思考就能得出一個觀點。科學研究的「真正培根原則」是達爾文時代之前的事，那時候假設在指導科學行動中的價值被淹沒在一個似是而非的觀點中，即如果能搜集到足夠的證據，其中的結論最終會不言自明，無需進一步解釋。達爾文當然意識到這種做法的渺茫性，似乎心情焦慮，坦言從「比格爾號」航行回來後的一小段時間裏他真的不知道自己到底在尋找甚麼。

　　隨着生存鬥爭法則被發現，自然選擇理論也近乎完整。此時，不及達爾文那樣認真執著的科學家會認為這項工作已做得足夠好了。進化過程的正式機理已

被確定，進化假設的解釋價值與物種起源問題之間的聯繫也已建立起來。

此時該是其理論公佈發表的合適時機了吧？可達爾文卻對自己的發現保持了20年的沉默，這引起了人們無盡的猜測：此人精神是否異常，竟然會如此長時間地捂着這麼重要的知識而不發表。儘管在科學論證中純想像（如假說）和純邏輯（如演繹）推理在19世紀中期的科學界很受認可和尊敬，完全從其現實世界中的原始材料出發到得出一個論斷對現實世界的影響和意義當然也被看作是完整論證過程中的一個必要環節。但達爾文卻無法容忍純粹假設性的論斷，他清楚地看到它們是多麼容易從有意義滑向無意義。19世紀早期流行的生物分類是建立在一個假設基礎上，即現實中的生物類群是按五個等級劃分排列的。當他讀到五分法體系的反對者建議將其改為四分法時，他在筆記本裏抗議道：「有誰會相信這種由類比和數字構成的胡言亂語呢。」此外，他也曾對進化哲學家赫伯特·斯賓塞作過簡要評述：

> 他對待每一個問題時的推理方法和我的思想體系完全相反。他得出的任何結論從來沒有讓我信服過：每當我讀過他的一段議論之後，我都反復對自己說，「這會是一個可以鑽研五六年的好題目。」
> （A64）

為了驗證他的論斷可能會引出的各種結果，達爾文堅持不懈地通過各種方式探察現實世界，包括親自觀察、搜尋各種相關信息、查閱科學文獻、通信交流和問卷調查等。達爾文的著作之所以延緩發表，或許部分地要歸因於一種考慮，即確保自然選擇進化論這樣一個有爭議的理論完全正確是至關重要的，不過從達爾文對整個科學事業的態度來看，這種推延完全符合他的個性。毋庸置疑，在過去的幾十年裏，生物學中的推測內容在引出新觀察方面的價值受到了重點關注。現在經常會看到假設性的概要也可出版，其形式在達爾文看來似乎還太不完備，太草率。但科學會因缺乏新奇想像而失去活力，現在有更多的人在做此類「推測與假設性質的工作」。

　　因此，達爾文推遲了著作的出版時間一直到所有的工作都完成且自然選擇在整個進化論體系中的地位得到確保。我希望通過本書讀者能對達爾文探討自然選擇進化論的各種影響時所達到的範圍廣度和所表現出的多種才智有所瞭解。達爾文首創了許多基於直覺的了不起的思想：如經濟原則、性選擇概念、社會行為的自相矛盾的發現及選擇會在整個家庭層面上發揮作用這一解決之道的提出等，這些思想在進化理論形成之初根本不明顯。達爾文作為科學家的聲譽不僅取決於他發現了自然選擇在進化中的有效作用，而且也因為他對此的分析相當充分完善。

關於自然選擇進化論創立的大多數討論中，人們為甚麼總是會優先想到達爾文的名字而不是阿爾弗雷德·拉塞爾·華萊士呢？華萊士1858年的論文和達爾文對自己觀點的簡要說明，都呈交給了林奈學會，就文章的簡明清晰程度而言，這兩者沒有甚麼高下之分。如果這就是兩位作者論證進化理論的唯一著作，那麼就沒有理由把達爾文高高地排在華萊士之上。達爾文與華萊士的自然選擇學說同樣簡明精確，同樣富有想像力。當然，理論成形的時間上達爾文比華萊士早了20年，但並未發表。幾乎可以肯定，華萊士的成果完全是自己鑽研出來的，跟達爾文沒有任何關係。這兩位偉大生物學家的區別最終表現在達爾文對該理論孜孜不倦的探索上：透過紛繁龐雜的枝蔓，最終他成功地論證闡釋了除遺傳和變異機理外的幾乎所有問題。

　　面對達爾文獲得的優先地位，華萊士勇於否定自我的精神同樣很可貴，值得人們為此而記住他，就像記住他是進化論的共同創立者一樣。任何科學家都明白這一點：一個假說對其發現者來說是如此寶貴，其意義就像孩子對於其父母一樣。然而華萊士以其高尚的品德和非凡的勇氣，把自己的兩本著作命名為《自然選擇》（達爾文的術語）和《達爾文主義》。他寫在《自然選擇》序言中的這段話，將作為本書的結束語。

　　我自始至終都真切地感到欣慰和滿足：達爾文先生

圖11 阿爾弗雷德‧拉塞爾‧華萊 圖12 老年時期的達爾文
士，約1912年

老年時期的華萊士和達爾文，他們既是老朋友又是對手。儘管華萊士最
終不肯接受自然選擇進化論可用於解釋人類的進化而讓達爾文倍感震驚
和意外，他們彼此還是高度稱讚對方。華萊士還有其他一些神秘想法，
在他漫長一生的最後歲月裏方有著述。他於1913年去世。

早在我之前很久就開始從事這方面的研究了，且最終不是由我嘗試去寫《物種起源》。我早就權衡過自己的優勢，深知自己無法勝任這項工作。能力遠在我之上的人可能都要承認，他們沒有那種持續不衰的耐心去積累大量的證據，也不具備那種非凡技巧去駕馭和利用那麼多不同類型的事實和材料，也沒有他那樣廣泛而精確的生理知識、設計實驗時的洞察秋毫、做實驗時的老練和嫻熟以及令人豔羨的寫作風格：簡明清晰、思慮縝密、富有說服力——所有這些素質在達爾文身上完美地結合，使他成為當今世上最適合從事並完成這一偉大工程的人。

推薦閱讀書目

達爾文的所有著作在絕版將近一個世紀之後，現在已再次以英語形式出版，是由Paul H. Barrett and Richard B. Freeman (Pickering and Chatto, 1990)編輯的。達爾文的所有筆記現在幾乎也都已出版(參見「引用文獻及其縮寫形式」)，他在學術期刊上發表的論文也已由保羅‧H. 巴雷特整理並編輯成冊出版(Paul H. Barrett, University of Chicago Press, 1977)。R.B. 弗里曼還特意為達爾文的著作編製了精彩的書目(R. B. Freeman, Wm. Dawson & Sons, Ltd., Folkestone, 1977)。

近幾年來，達爾文的大量信件也已由劍橋大學出版社以多卷本形式陸續出版。到2000年時，已經出版了第1–11卷，收錄了從早期到1863年的信件。以目前的速度，達爾文每一年的生活輯錄成一卷，還有19卷要出。

對於一般性的研究，早期加文‧德比爾爵士精彩的科學傳記《查爾斯‧達爾文》(*Charles Darwin*, 1963, reprinted by Greenwood Press, 1976)現在已經略顯得有些過時。而阿德里安‧德斯蒙德與詹姆斯‧穆爾合寫的優秀傳記(*Darwin*, Penguin Books, 1992)極富文采，取得了全新的突破，即使還沒有將前者取而代之，也已遠出其右了。在所有試圖對達爾文的整個科學研究工作進行綜合評價的書中，邁克爾‧蓋斯林所著的《達爾文方法論

的勝利》（Michael Ghiselin's *The Triumph of the Darwinian Method*, University of California Press, 1969）是讀來最令人愉悅的一本。

斯蒂芬·傑伊·古爾德的兩本文集《自達爾文以來》（Gould's two books of essays, *Ever Since Darwin*, Burnett Books, 1978 and *The Panda's Thumb*, Norton, 1980）及《熊貓的拇指》行文詼諧機智，內容豐富，知識性很強。我也建議大家讀一下他的重要專著《個體發育與系統發育》（*Ontogeny and Phylogeny*, Belknap, Harvard University Press, 1977）的第一部分，該書的題目中包含了兩個專業術語，不過我設法迴避了，主要是希望讀者能在古爾德教授的指導下，瞭解胚胎發育和進化發展之間概念上的關係。

眾多專門研究達爾文的書中有3本涉及了19世紀達爾文主義的一些更廣泛的內容：Neil C. Gillespie's *Charles Darwin and the Problem of Creation* (University of Chicago Press, 1979); James R. Moore's *The Post-Darwinian Controversies* (Cambridge University Press, 1979); and Michael Ruse's *The Darwinian Revolution* (University of Chicago Press, 1979)。

關於達爾文之前人們對自然界的現象從理論上所作的解釋，阿瑟·O. 洛夫喬伊已在其著作《巨大的生物鏈》（Arthur O. Lovejoy in *The Great Chain of Being*, 1936）中作了相當完備的闡述，這一經典著作由哈佛大學出版社以平裝本出版。一些達爾文之前的進化推測及該書第二章探討的許多議題都在《達爾文之前的先行者

1745–1859》（*Forerunners of Darwin 1745–1859*, The Johns Hopkins Press, 1968, edited by Bentley Glass, Owsei Temkin, and William L. Strauss, Jr.）一書中作了詳細深入的論述。

就現代進化論而言，理查德・道金斯所著的《自私的基因》（Richard Dawkins' *The Selfish Gene* (Oxford Paperbacks, 1989)以講故事的形式完全從基因的角度出發講述進化過程。道金斯關注的主要是動物的行為，在有關社會關係演化的棘手問題上，他表現得極富想像力，且滿懷仁慈心。科林・帕特森的《進化論》（ColinPatterson's *Evolution*, British Museum, Natural History, 1978)講述了進化生物學目前的發展狀況，簡明易懂，圖解豐富，是一本不錯的書。約翰・梅納德・史密斯的《進化論》（John Maynard Smith's *The Theory of Evolution*, Penguin, 1978)及與理查德・道金斯合著的此書的現代版本(劍橋大學出版社，1993)雖較難懂，但卻絕對會讓人受益匪淺。馬克・里德利在《進化》（Mark Ridley's *Evolution*, Oxford Paperbacks, 1997)一書中從較高深的層面上對進化這一問題作了最新闡述。